루이스 캐럴의 앨리스

이상한 나라의 언어적 판타지

無作靜 정계섭 지음

어문학사

일러두기

아래의 책을 주로 참고하였다. Lewis Carroll, *Alice in wonderland and other favorites*, First Pocket Books printing september, 1951. 본문의 인용에서 《Alice in Wonderland》는 AIW로, 《Through the Looking Glasse》는 TTLG 로 표기하겠다. 영어 원문이 꼭 필요하지 않은 경우에는 우리말 번역문만 실었음을 밝혀둔다.

목차

✦

추천사

숨겨진 아포리아를 파헤친다

《이상한 나라의 앨리스》이야기를 들어보지 못한 사람들은 많지 않을 것으로 생각된다. 물론 대다수의 사람들은 이 책이 세계적으로 인기 있는 어린이 동화책이고, 제목이 암시하듯이 상식이 통하지 않는 기괴하고, 환상적인 이야기 정도로 알고 있을 것이다.

이번에 정계섭 교수가 쓴 《루이스 캐럴의 앨리스》는 이런 일반적인 견해를 완전히 뒤집는 책이다. 말하자면 어린이들이 읽는 동화가 아니라 어른들이 읽어야할 동화라는 것이다. 정 교수는 그 이유를 다음과 같이 들고 있다.

1) 이 책은 언어와 논리분석의 대상이 되는 모든 언

어 실험과 논리 게임을 다루고 있다.

2) 이 책은 정체성의 문제, 꿈과 현실, 그리고 궁극적 실재에 대한 문제들을 논의하고 있다.

3) 더 나아가 이 책은 붉은 여왕 효과와 초현실주의와도 연관되어 있다.

작품 속에서는 다음과 같은 대화가 나온다.

애벌레   "너는 누구냐?"

앨리스   "지금은 잘 모르겠어요. 오늘 아침 일어났
         을 때만 해도 내가 누군지 알고 있었는데,
         그 이후로 여러 번 변했기 때문에
         잘 모르겠어요."

애벌레   "그게 무슨 소리냐? 설명해봐!"

앨리스   "잘 모르겠어요. 보시다시피
         나는 나 자신이 아니거든요."

사실 이런 이야기들 속에 숨겨져 있는 주제들 하나하나는 어린이들의 수준에서는 이해하기가 쉽지 않다.

따라서 표면적으로는 상식에 어긋나는 엉뚱한 이야기로 나타날 수밖에 없다. 정계섭교수가 밝히려는 작업은 이런 이야기의 밑바닥에 깔려 있는 아포리아(aporia)를 우리 눈앞에 드러내는 일이다. 아포리아는 그리스어로 "출구가 없다"나 "막다른 골목"이라는 의미인데, 보통 모순이나 해결 불가능한 역설 등을 가리키는 말이다. 이런 맥락에서 보면 정계섭교수의 이 책은 아포리아의 덩어리인 《이상한 나라의 앨리스》를 이해 가능한 언어로 해체하는 작업인 셈이다.

이 책 1부는 언어 실험과 논리 게임을 다루고 있고, 2부는 정체성, 꿈, 실재를, 그리고 3부는 초현실주의와 붉은 여왕 효과를 다루고 있다. 1부의 언어 분석에서 저자는 직시사 'I-Here-Now'를 비롯하여 전제(presupposition) 현상 등 9가지 흥미로운 주제를 다루면서, 여러 개념들이 내포하는 철학적 함의까지 추구한다.

2부에서 다루는 정체성(identity)과 실재(reality)는 다루기 까다로운 철학적 주제들이다. 넓은 의미에서 정체성은 사물의 영속적 동일성을 뜻하지만, 보통 '개인

안에 지속적인 동일성이 존재한다'는 의미의 자아 정체성을 가리킨다. 자신의 키가 커졌다, 작아졌다 하는 여러 변화에서 여주인공 엘리스는 정체성의 위기를 체험한다. 필자는 이 문제를 최대한 끝까지 추적하면서, '나는 누구인가'의 문제를 천착한다. '실재는 무엇인가?'의 질문에서, 저자는 1981년 퍼트넘이 제기한 '통속의 두뇌'부터 데이비드 호킨스의 '의식 지도', 불교의 '일체유심조'까지 검토한다.

3부에서는 《이상한 나라의 앨리스》의 저자 루이스 캐럴을 초현실주의의 선구자로 보면서, '눈물 웅덩이', '희한한 크로케 경기', '끝날 줄 모르는 파티' 등을 초현실주의의 관점에서 분석한다. 저자는 다음과 같은 대화에 주목한다.

앨리스   "어휴, 우리는 내내 이 나무 아래에 있는
             것 같아요! 모든 게 그대로인걸요! … 내
             가 살던 나라에서는 이렇게 오랫동안 빨
             리 달릴 수 있다면 보통 어딘가 다른 곳
             에 도착했을 텐데요."

붉은 여왕　　“느린 나라군. 여기서는 할 수 있는 한 힘껏 달려야 제자리에 있을 수 있어. 다른 곳에 도착하고 싶으면 지금보다 두 배는 더 빨리 달려야 해.”

　‘붉은 여왕 효과’는 진화 생물학과 경영학에서는 거의 일반화된 주제이다. 진화생물학자 리 반 발렌은 1973년 쓴 〈새로운 진화 법칙〉이라는 논문에서 붉은 여왕 효과에 기초하여 ‘지속 소멸의 법칙’을 제시했으며, 윌리엄 바넷은 붉은 여왕 효과를 경영학에 접목시켰다. 이런 사실들을 정리하고 해석하면서, 저자는 더 나아가 작품에 나오는 고양이와 연관해서 양자역학에서 고전적 예시가 된 ‘슈뢰딩거의 고양이’와 ‘양자 체셔 고양이’까지 논의한다.

　이 책을 읽으면서 나는 치밀한 논리분석과 아포리아를 끝까지 파헤치는 저자의 철학적 통찰력과, 주제의 설명과 연관해서 동서고금의 여러 자료들을 종횡무진으로 활용하는 박식함, 그리고 동시에 문제를 확장시켜 새로운 주제로 만들어가는 창조적 능력에 놀라운

찬사를 보내지 않을 수 없었다. 이 책은《이상한 나라
의 앨리스》를 단순히 해설하는 수준을 훨씬 넘어선 또
하나의 모험적 창작물이다.

경희대 석좌교수
이한구

◆

들어가면서

　팡테옹 근처 생작크(Saint Jacque)가(街)에 있는 문화
예술 전문서점에서 처음으로 《이상한 나라의 앨리스》
를 발견하고 알지도 못하면서 즉시 이 책을 구입했다.
이때가 1977년인데 뭔지도 모르면서 열광하며, 여러
권을 사서 지인들에게 선물했던 기억이 난다.
　그 후 《불어불문학연구》제32집(1996)에 〈probleme
du non-sens chez L.Carroll(루이스 캐럴의 난센스 문제)〉
라는 제목의 논문을 게재했다. 1990년대 말쯤 덕성
여대에서 '언어와 사고'라는 강좌명으로 한 학기 강의

를 하였다. 2000년대에는 덕성여대 도서관 행사로 앨리스를 소개했다. 오쇼 라즈니쉬[1]는 《내가 사랑한 책들》[2]에서 다음과 같은 말을 한다.

"나에게는 장 폴 사르트르의 《존재와 무》와 루이스 캐럴의 《이상한 나라의 앨리스》는 동격이다. 《이상한 나라의 앨리스》가 비록 짧은 동화이지만 사르트르의 그 작품에 뒤질 것이 하나도 없다. 사실 나더러 두 권 중 하나를 선택하라면 나는 기꺼이 《이상한 나라의 앨리스》를 선택하고 《존재와 무》는 아궁이 속에 던져 버릴 것이다. 나에게는 루이스 캐럴의 이 짧은 동화 두 편이 무한한 영적 가치를 지니고 있다. 나는 지금 농담으로 이런 말을 하는 것이 아니다."

《존재와 무》의 부제는 '현상학적 존재론에 관한 시

---

1   오쇼 라즈니쉬(Osho Rajneesh, 1931~1990), 인도의 구루, 철학자. 삶의 허구와 진리의 세계, 존재의 무근거성을 꿰뚫는 깊은 통찰은 전 세계 사람들에게 의식 혁명과 깨달음에 대한 새로운 비전을 제시했다.

2   류시화 역, 동광출판사, 1991.

론'인데, 이 책은 난삽하기로 유명하다. 사르트르는 무신론자다. 그의 철학의 출발점은 그래서 신의 부재이다. 그러므로 세계 내의 모든 존재는 어떤 필연적인 이유 없이 그저 거기에 있는 것이다. 《존재와 무》는 존재의 무근거성을 설파하려는 의도로 쓰여진 책이다.

그런데 라즈니쉬는 왜 사르트르 대신 루이스 캐럴의 손을 들어주었는지 사람들이 이해할 만한 이유를 제시하지 않고 있다. 물론 《내가 사랑한 책들》은 어떤 주장을 펼치기 위한 것이 아니라 라즈니쉬 자신이 좋아한 책들을 소개하는 수준에 그치기 때문이다.

그 이유를 규명해야겠다는 책임의식 내지 사명감이 필자의 무의식 속에 자리를 잡았다. 그래서 언젠가는 꼭 책을 써야겠다고 마음먹었는데 몇십 년이 지나서야 실천하게 되니 그야말로 저간의 일들이 주마등처럼 떠오른다. 미셸 푸코는 "사람들이 대상(object)에 대해 말한다고 하면서 실은 자신에 대해서 말한다"고 비판하였다. 이 말은 오랫동안 나에게 경고등의 역할을 해왔지만, 이것이 강박관념으로까지 발전하면 때로는 불모지(不毛地)만 남길 수도 있다.

객관성에 너무 집착하다 보면, 우리가 세상을 보는

눈이 자신의 세계관에서 비롯한다는 점을 잊게 된다. 루이스 캐럴은 셰익스피어 다음으로 많이 읽힌 작가라고 한다. 그에 대한 연구 자료 또한 방대하다. 《앨리스》[3]에 대한 연구는 가히 전 세계적이라고 말할 수 있다. 그럼에도 우리가 새로운 책을 내려고 결심한 배경은 다음과 같다.

첫째, 우리가 섭렵한 비평 및 연구물들도 물론 언어분석과 논리분석을 다룬다. 그러나 몇몇 사례들을 취급하는 데 그치고 있어 아쉬움을 자아낸다. 언어학자이자 논리학자로서 우리는 중복되는 이슈를 제외하고 언어와 논리분석의 대상이 되는 가능한 모든 언어 실험과 논리 게임을 검토하는 것이 필요하다고 판단했다. 이 과정에서 우리는 저간의 연구자들이 취급하지 않은 새로운 사실들을 적지 않게 발견하는 기쁨을 맛볼 수 있었다.

---

3 이 책에서는 《이상한 나라의 앨리스》와 《거울 나라의 앨리스》를 통합해서 《앨리스》로 표기할 것이다.

둘째, 《앨리스》에서 제기되는 정체성의 문제, 꿈과
현실 그리고 궁극적으로 실재(實在)에 대한 문
제들 역시 이제까지 단편적으로만 언급되었
을 뿐 끝까지 추궁되지 않아서 새로운 연구
의 여지를 남겨 두었다. 차제에 우리 나름대로
이 문제들을 궁구할 수 있는 계기를 마련하고
싶었다. 독자에 따라서는 동화에서 '실재(The
Real)'의 의미까지 추구하는 것은 너무 멀리 나
가는 것이 아닌가하는 의아심을 가질 수도 있
을 것이다. 이런 독자에게 우리는 '뉴턴의 사
과'를 생각해보시라고 권하고 싶다. 사과가 떨
어지는 것을 보고 지상과 천상에서 일어나는
운동의 법칙을 정립하지 않았는가.

셋째, '붉은 여왕 효과'나 '양자 체셔 고양이' 그리고
초현실주의와 연관성 등 《앨리스》를 모든 관
점에서 볼 수 있는 조감도를 제공하고 싶었다.

《앨리스》는 화수분과 같아서 앞으로도 루이스 캐럴
에 대한 연구자들이 많이 나올 줄 안다. 이분들에게 하

나의 소박한 로드맵이 되어 우리가 도달한 지점에서 앞으로 더 나아가기를 바라는 마음이다.

　결론적으로, 이 책은 《앨리스》에 대한 해설서인 동시에 에세이이다. 1부는 해설에 해당하므로 이에 대해서는 더 이상의 언급이 필요하지 않을 것이다. 2,3부는 위에서 밝힌 대로 라즈니쉬에게서 영감을 받은 에세이에 해당한다. 말하자면 《앨리스》를 팩트(fact)로 삼고 여기에 과학적 사실에 근거하는 필자의 픽션(fiction)이 합쳐진 팩션(faction)이라고 이해해주면 좋겠다. 이렇게 되면 《앨리스》가 필자에게 점화효과(primming effect)를 일으킨 결과물, 루이스 캐럴에게 바치는 오마주가 되는 셈이다.

　이 책은 참 많은 분들의 도움을 받아 세상에 나오게 되었다. 초고는 황혜경 선생님을 비롯하여 계영희, 이수미, 오생근 교수님들의 따끔하면서도 고무적인 조언에 힘입었다. 박창균 교수님은 논리학에 관련된 내용을 검토해주었고, 특히 오정화 교수님은 번거로움을 무릅쓰고 영어 인용문 필자의 번역을 크게 개선해주었다. 후학들의 쓴소리도 많은 도움이 되었다. 이강호,

전재연, 김이정 교수 등은 이 책의 구조와 정체성에 대하여 보다 더 고민할 수 있도록 해주었다. 친애하는 제자 김영대 군은 이해하기 어려운 부분을 체크해주어 가독성을 높이는 데 기여했다고 믿는다. 아울러 거친 원고를 우아한 책으로 만들어준 어문학사 편집부 여러분의 탁월한 솜씨에 격려와 찬사를 보낸다. 이 모든 분들에게 깊숙이 머리 숙여 인사드립니다.

I. 시대적 배경

때는 빅토리아 여왕이 통치하는 시대이다. 후세에 빅토리아 시대(Victorian Age, 1837~1901)라고 불리는 이 시대는 인도와 호주를 비롯해 수많은 식민지를 경영하는 대영제국의 황금기다. 이른바 '해가 지지 않는 나라'로 풍요를 구가한 '좋았던 옛 시절(le bon vieux temps)'로 알려졌다. 오늘날 런던의 대부분의 건물이 이 시대에 건축되었고 런던을 상징하는 빅벤(Big Ben) 시계탑의 종탑이 처음 울린 것도 이때였다(1859년 5월 31일).

중기기관의 발명으로 촉발된 산업혁명(1760~1820)에 이어 사회적, 경제적으로 격변의 시대였다. 노동자들의 러다이트 운동[4]에 이어 참정권을 요구하는 차티스트 운동[5]이 모두 이때에 일어난 사건들이다.

미성년자와 여성의 열악한 노동환경을 고발하는 사실주의 문학을 대표하고, 셰익스피어와 더불어 영국을 대표하는 최고의 작가로 기억되는 찰스 디킨스(Charles Dickens, 1812~1870)[6]가 활동한 시기이기도 하다. 고아

---

4 19세기 초(1811~1817) 영국에서 일어난 '기계 파괴 운동'이다. 당시 새로 나온 방직기가 노동자의 일거리를 뺏는다는 우려에서 비롯된 대규모 최초의 노동운동이다. 이 운동은 오늘날에도 시사성이 더해 가는데, 4차 산업혁명 시대에 진입하여 단순 노동뿐만 아니라, 전문직까지도 인공지능이 대체할 가능성이 높아지면서 일자리 문제가 크게 대두되고 있다. 인공지능 화가 '딥갤러리'나 인공지능 작가의 등장은 어떤 면에서는 곤혹스럽기조차 하다. 당장 자율주행차량이 코앞에 닥치면서 대중교통과 운송업 종사자들이 일자리를 잃을 것이라는 우려가 현실화되고 있다.

5 1830년대 투표권의 요구로부터 시작하여 1850년대 전반까지 영국에서 민주주의의 기본 원칙을 세우기 위해 노력한 운동. '차티스트'는 국민들이 제기한 인민헌장(people's charter)에서 유래.

6 《올리버 트위스트》(1838), 《크리스마스 캐럴》(1843), 《데이비드 코퍼필드》(1850), 《두 도시 이야기》(1859), 《위대한 유산》(1861)

런던의 랜드마크이자 영국 민주주의의 상징인 시계탑 빅벤

소년이 겪는 극심한 고난을 통해 사회의 불평등과 산업화의 폐해를 고발한 《올리버 트위스트》는 수많은 사람들의 공감을 샀다.

러스킨(John Ruskin, 1819~1900)의 명저 《나중에 온 이 사람에게도》[7](1862), 다윈(Charles Darwin, 1809~1882)의 《종의 기원》(1859)도 이 시대에 나왔다. 작용이 있으면 반작용이 있듯이 판타지 동화는 사실주의에 대한 반작용이라고 볼 수 있다. 빅토리아 왕조의 영국은 판타지의 요람이었다. 사실주의가 산문이라면 판타지는 시에 가깝다.

---

7   산업혁명 시대에 노동자의 삶을 조명한 책이다. 그는 공장 라인에 갇힌 부품으로서의 노동하는 기계가 아니라 살과 피와 영혼을 가진 존재로 노동자를 보고자 했다. 출간 당시 엄청난 비난에 직면했지만, 톨스토이나 간디의 삶을 통째로 바꾼 책이 되었다.
간디: "그의 책을 읽기 시작한 이후로 도저히 내려놓을 수가 없었다. 러스킨의 가르침에 따라 내 삶을 바꾸기로 결심했다. 내 삶을 송두리째 뒤바꾼 책 한 권을 들라면 《나중에 온 이 사람에게도》를 들겠다."
책 제목은 마태복음 20장에 나오는 일화로부터 유래한다. 아침부터 일한 일꾼과 저녁이 다 되어 일한 일꾼의 삯이 같다. 구원은 믿음의 기간에 상관없이 이루어진다는 교훈이 담겨 있다.

에드워드 리어(Edward Lear, 1812~1888)[8]는 화가이자 아동문학가다. 시에 그림을 넣은 《난센스의 책》(1846)은 하나의 메시지를 글과 그림으로 펼쳐 독자의 이해를 크게 도와서, 그를 '그림책의 선구자'로 부른다. 불우한 어린 시절을 보낸 리어는 어린이에게 즐거움과 웃음을 선사하기 위해 난센스를 본격적으로 도입하여 '난센스의 아버지'라고도 불린다. 이러한 시대적 배경에서 루이스 캐럴은 보다 문학적으로, 전도된 세계관과 그로테스크한 음화(negatif)를 즐겨 묘사하여 '난센스의 대가'로 확고하게 자리매김을 한다. 여기에서는 우선 '난센스'는 '상식'의 반대말로 보면 된다.

빅토리아 시대는 종교와 도덕으로 무장된 삶의 규칙이 지배하는 매우 엄격한 사회였다. 아이는 부모의 말에 무조건 순종해야 했고, 설령 부모가 옳지 않더라도 반박은 고사하고 의견을 낼 엄두를 내지 못하였다. 말대답이나 행여 개성을 표현하는 경우에는 버르장머리

---

8   영국의 난센스 작가이자 화가. 환상적인 세계를 묘사하는 글과 기이한 그림을 곁들인 책들을 발표. 국내에 《네 아이들의 세계일주》, 《꽝글왕글의 모자》가 번역, 출간되었다.

없고 불손한 태도로 간주되었기 때문이다.

앨리스   "저에게도 생각할 권리가 있어요."
공작부인   "돼지들에게 날아다닐 권리가 있는 거나
           마찬가지지."

(Alice in Wonderland, p.81.)

공작부인이 쏘아붙인 이 말은 당시의 분위기를 극적
으로 표현한 것이다. 빅토리아 왕조 시대에 어린 소녀
들이 지켜야 할 규칙과 의무는 숨 막힐 정도였다. 앨리
스는 어린이의 관점과 의식에서 이런 억압성을 비판하
는 역할을 한다.

꽉 막힌 사회의 고정관념과 편견에 대항하여 눈치채
이지 않고 반기를 드는 유일한 수단이 바로 영국식 유
머의 전형인 난센스다. 난센스는 '무의미'가 아니라, 상
식(common sence)에 반(反)하는 비상식, 즉 상식을 벗어
난 기괴하고(grotesque) 환상적인(fantastic) 말이나 상황
을 가리킨다. 비상식은 필연적으로 상식을 환기시키는

데, 상식과 비상식의 부조화에서 웃음이 터진다.

환상문학은 리얼리즘이 중시하는 합리적 세계관에 반하여 비합리적 측면, 즉 꿈과 무의식 그리고 견고하게 보이던 일상적인 삶의 불확실성과 원인을 알 수 없는 불안을 부각시킨다.

난센스는 '말에 의한 카니발'이라고도 볼 수 있다. 카니발 축제는 지배층의 권위와 독단을 마음껏 조롱하고 비웃으며 해방감을 만끽한다.[9] 상하 위계질서가 뒤바뀌는 탈일상의 세계다. 참여자들은 세상의 관례와 통념을 풍자하면서 카타르시스를 만끽한다. 연기가 하늘로 올라가는 대신에 아래로 모락모락 내려갈 수도 있고, 낙타가 사람을 부리고, 암탉이 갈비를 뜯고, 사자가 오페라 라 트라비아타를 솔로로 근사하게 뽑을 수도 있다. 왜 굳이 세상의 질서를 전복시키려 하는가? 억압에 대한 해소이자 삭막하고 권태로운 현실에서 벗어나고 기존 질서로부터 해방감을 느끼기 때문이다.

---

9 압력밥솥에 안전밸브가 있듯이 카니발이 민중의 불만을 해소시키기 위해 권력이 허용하는 '안전밸브'역할을 한다는 설은 일리가 있는 것 같다.

상식의 대척점에서 세상을 보는 일이 얼마나 놀라운지를 보여주는 판타지 동화에서는 우리가 통상적으로 보지 못하는 신세계의 무대가 펼쳐진다.

에로스와 더불어 타나토스(Tanatos, 죽음의 본능)가 있듯이 인간에게는 비합리성에 대한 목마름도 있다. 이제 권위와 광기의 상징인 어른들의 지배를 피하는 유일한 출구는 꿈의 세계뿐이다.

2. 저자

루이스 캐럴(Lewis Carroll, 1832~1898)

본명 찰스 럿위지 도지슨(Charles Lutwidge Dodgson)은 1832년 1월 27일 영국 체셔 지방의 성공회 성직자 집안에서 태어났다. 어릴 때부터 창작과 그림에 관심이 많아 8명의 어린 동생들을 위해 직접 삽화를 그린 잡지를 만들었다고 한다. 1855년부터 1881년까지 모교인 옥스퍼드대학의 크라이스트 처치(Christ Church)

칼리지[10]에서 수학을 가르쳤다.

수학은 언어와 긴밀한 관계에 있다.[11] 캐럴은 수학

10　이 칼리지의 수위는 "여기는 영국이 아니라 크라이스트 처치입니다."라고 말할 정도로 자부심이 대단했다. 13명의 영국 총리를 배출한 명문이다.

11　언어를 기호체계(system of signs)라고 보는데 이 체계를 두 가지 상반되는 관점에서 보는 대표적인 두 학자가 있다.

라이프니츠(Gottfried Wilhelm Leibniz, 1646~1716)는 언어를 계산체계(system of calculus)로 본다. 즉 자연언어와 수리논리학의 언어가 완전히 같다고 보는 이상주의적 관점이다.

비코(Giambattista Vico, 1668~1744)는 실용적인 관점을 지지한다. 짐작할 수 있듯이 원시 단계의 언어는 얼굴 표정과 제스처 그리고 소리로 이루어졌다. 최초의 언어인 감탄사에서 점진적으로 소리가 음성을 대체하며 의미를 표현할 수 있는 단계가 되면서 언어는 수만 년에 걸쳐 정동언어에서 상징언어로 매우 느린 속도로 진화한다. 비코는 이러한 역사적 발전과정을 참고하면서 자연언어는 점진적으로 성장해온 의사소통의 매체이기 때문에, 이를 형식화하는 시도는 언어를 왜곡시키는 것이라고 반대하였다. 현대 화용론의 먼 조상으로 보아도 무리가 없을 것이다.

캐럴은 논리학자로서는 전자의 견해를 취하고, 시인으로서는 비코의 견해를 채택해서 난센스 문학의 최고봉이 되었다.

좀 다른 얘기지만 평소 우리의 생각을 말하자면, 국어를 못하면 수학을 잘 할 수 없다는 사실이다. 수학의 문제는 언어로 표현되는데 문제 자체를 이해하지 못하는 경우가 많다. 문제를 우선 방정식으로 표현해야 하는데 이 단계에서 막힌다. 응

자이자 '언어의 마술사'다. 그는 이 대학의 학장 리델의 세 자매에게 각별한 애정을 갖는다. 《이상한 나라의 앨리스》의 주인공 앨리스는 리델 학장의 세 딸 가운데 둘째다. 1862년 여름 캐럴은 리델 학장의 허락을 받고 그의 세 딸들과 템스강에서 뱃놀이를 한다. 캐럴이 30살 때였고, 큰딸 로리나가 13살, 둘째 딸 앨리스가 10살, 막내딸 이디스가 8살이었다.

이때 캐럴은 평소보다 훨씬 흥미진진한 이야기를 들려주는데, 나중에 앨리스는 그 이야기를 글로 써달라고 부탁한다. 이를 계기로 캐럴은 작품을 쓰기 시작, 다음 해 2월 《Alice's Adventures Under Ground(앨리스의 지하세계 모험)》이라는 제목으로 초고를 내놓는다.[12] 지하세계는 지상세계의 상식이나 사회통념이 통

용문제가 어렵다는 말은 문제를 파악하지 못했다는 말이다. 즉 국어 실력이 모자란 것이다.

[12] 훗날 이때를 회상하면서 캐럴은 "토끼굴에 보낸 다음 무슨 일이 벌어질지 나 자신도 전혀 몰랐다."고 실토한다. 여기에 우리는 중요한 단서를 본다. 즉, 아이디어는 말을 하면서 떠오른다는 사실이다. 대장장이가 쇠를 두드리면서 대장장이가 되듯이, 아이디어가 있어서 글을 쓰는 게 아니라 글을 쓰면 아이디어가 떠오른다는 말이다.

하지 않는 난센스의 세계다. 이 책은 오직 앨리스만을 위해 쓴 환상으로 가득찬 모험담이다. 나중에 리델 학장 집에서 우연히 이 책을 본 소설가 헨리 킹슬리[13]가 출판을 권유하는 바람에 캐럴은 초고를 고쳐 《Alice's Adventures in Wonderland(이상한 나라의 앨리스)》라는 제목으로 출판하게 된다.

초판본에는 존 테니엘이 그린 삽화 24장이 실려 이 책에 더욱 생동감을 준다. 루이스 캐럴은 수학자로서[14] 평생을 독신으로 보냈다. 유일한 취미라고는 아마추어 사진작가로서 주로 소녀들을 대상으로 삼았고, 또 이들을 위해 이야기를 만들고 들려주는 것이었다.

이야기[15]를 해달라고 졸라대며 마지못해 막연히 시

---

13 헨리 킹슬리(Henry Kingsley, 1830~1876), 잉글랜드의 소설가. 뛰어난 운동선수로서 신앙과 동시에 강건한 육체를 찬탄하는 남성적 '근육질 기독교'를 주창했다. 기독교의 여성화에 대조되는 개념이다.

14 《기호논리학(Symbolic Logic)》(1896)과 《논리 게임(The Game of Logic)》(1887)을 출간.

15 스토리는 강력하다. 최근에 와서야 스토리텔링에 관한 출판물이 넘쳐나는데, 이야기에 대한 인류의 열망은 석기시대만큼이나 오래된 것이다. 우리도 어린 시절 할머니에게 옛이야기를

작하기라도 하면 "그래서요? 그리고 어떻게 됐어요?" 라고 초롱초롱한 눈매로 우스워 죽겠다는 표정으로 쳐다볼 때는 아무튼 무슨 수라도 내야했다. 그러다가 깔깔 폭소가 터진다. 캐럴의 작품은 책상에서 쓴 글이 아니라 눈앞에 귀여운 아이들을 두고 지루해하는지 재미있어하는지 반응을 살펴가며 즉흥적으로 구술된 이야기라는 점을 잊어서는 안 된다.

낯설고 전혀 새로운 세계를 만나 경탄해 마지않는 어린아이의 순진무구한 모습! 이것이 저자가 교훈이나 설교보다 더 소중하게 추구한 가치였는데, 이 점이 바로 교훈 일색인 기존의 동화와 차별화되어 사람들의 열광을 불러일으킨 계기가 된 것이다.

3. 작품

《이상한 나라의 앨리스》(1865)

앨리스는 언니 로리나가 그림이 하나도 없는 책을

해달라고 얼마나 졸라댔던가.

보는 것을 곁눈질하다가 따분한 나머지 졸음에 겨워 스르르 눈을 감는다. 이때 조끼를 입은 눈이 빨간 토끼 한 마리가 앨리스 옆을 지나간다. 토끼는 주머니에서 시계를 꺼내 들여다보면서, "아이구 어쩌나! 이러다 늦겠네."라고 중얼거리며 달려간다. 시계를 보는 이상한 토끼에 놀라 이때부터 앨리스는 무작정 토끼를 따라간다. 토끼가 토끼굴로 뛰어들자 앨리스도 뒤따라 뛰어들어 빈 공간 속으로 떨어지는데, 이 와중에서도 앨리스는 온갖 생각을 다 한다. "내 고양이 다이애나 우유는 누가 주나?", "이러다 지구를 뚫고 나가겠네!"16 드디어 앨리스는 쿵하고 엉덩방아를 찧는다.

드디어 '이상한 나라'에 착륙한 것이다. 앞으로 앨리스는 관습을 무시하고, 법칙을 위반하고 상식을 비

16　이 대목에서 사람들은 '지구공동설(Hollow Earth Theory)'을 떠올린다. 지구의 속은 비어 있으며, 양극에 그 비어 있는 속으로 들어갈 수 있는 입구가 있다는 주장이다. 19세기부터 20세기 초까지 유행, 각종 SF의 모티브가 된다. 이때 떨어지는 속도, $V=\sqrt{2gz_0}$ (z_0는 떨어진 거리)이다. 빈센트 오브 보베(Vincent de Beauvais, 1190~1264)는 《자연의 거울》에서 지구 중심을 관통하는 터널을 만들어 거기에 돌을 하나 떨어뜨리면 그 돌은 지구 중심에 머물 것이라고 한다. 왜 그럴까?(해답, p.33)

웃는 세계와 마주치게 될 것이다. 탁자 위에 "나를 마셔라."라고 쓰인 병 하나가 놓여 있어 한 모금 마시니까 키가 25cm로 줄어들었다. 다행히 "나를 먹어라."는 비스킷을 먹었더니 이번에는 지나치게 키가 3m로 커졌다. 당황한 나머지 엉엉 울다가 흰 장갑을 떨어뜨리고 재빨리 지나가는 흰 토끼를 쫓아가는데 이번에는 다시 키가 작아져서 자신이 흘린 눈물로 만들어진 웅덩이에 빠진다. 이때 여러 종류의 새들과 함께 힘겹게 웅덩이 기슭에 도착한다. 이 중 연장자인 도도새가 몸을 말리기 위해 '코커스' 경주를 제안하는데 규칙도 없고 멋대로 뛰노는 경기였다. 흰 토끼가 다시 돌아와서 앨리스를 자기 하녀인 줄 알고 잃어버린 부채와 장갑을 찾아오라고 심부름을 시켰다. 앨리스는 토끼 방으로 가서 빵 한 조각을 먹었는데 또 키가 말도 못하게 커져 팔과 다리가 집 밖으로 삐져나가는 지경이 되었다. 이런 극심한 변화에 갈피를 못 잡고 자신이 누구였는지도 모르는 상황에서 애벌레를 만난다. 물담배를 피우던 애벌레가 근엄하게 앨리스의 정체를 묻자 앨리스는 결국 "나는 내가 아니에요!"라고 실토한다.

애벌레는 친절하게도 버섯의 한쪽 끝을 먹으면 키가

토끼굴에 떨어지는 앨리스

지구의 중력에 의해 돌이 떨어지는데 지구의 중심
까지는 돌의 속력이 점점 빨라지다가 중심을 대략
8km(주어진 식에 지구 반경 6400km를 대입)의 속력으로
지나면 이제는 중력과 반대 방향이 되어 속력이 감
소해 지구 반대편 구멍 입구에 왔을 때 속력은 0이
된다. 다시 낙하를 시작해 중심을 통과해서 처음
떨어진 구멍 입구에 도달한다. 공기저항이 없다면
이렇게 왕복운동을 반복할 것이다. 그러나 공기저
항 때문에 천장에 매달린 추의 진동 폭이 점점 줄어
마침내 정지하듯이 돌도 진동의 폭이 줄어들어 결
국 지구의 중심에서 정지하게 된다.

줄고, 다른 쪽 끝을 먹으면 늘어난다고 가르쳐준다. 이어서 만난 공작 부인은 앨리스에게 아기를 건네주는데 안고 보니 새끼 돼지였다. 계속 길을 가다가 나무 위에 체서 고양이의 머리를 보게 되는데, 입가에 미소만 남기고 사라지면서 이상한 나라에서는 모두가 미쳤다고 귀뜸해준다. 얼마 안 가서 앨리스는 '3월 토끼' 집에 도착한다. 3월 토끼, 겨울잠쥐, 모자장수가 차를 마시고 있는데 시간은 6시에 고정되어 더 이상 가지 않아 끝날 줄 모르는 파티였다. 게다가 "까마귀와 책상은 어떤 점에서 닮았는가?" 따위의 쓸데없는 수수께끼나 던져 싫증이 난 앨리스는 곧 이 집을 떠난다. 계속되는 여행에서 앨리스는 성미가 불같은 하트 여왕을 만나고, 여왕은 앨리스에게 크로케 경기를 제안한다! 방망이와 공이 살아있는 홍학과 두더쥐인 데다 골대는 군인들이 허리를 굽혀 만들었다!

여왕은 앨리스에게 '가짜 거북이'에게 가서 그의 말을 들어보라고 권하고, 그리핀(Griffine)과 가재들의 스퀘어 댄스(Square dance, 두 사람이 한 조가 되어 8명이 네모꼴로 추는 춤)를 구경하다가, 재판의 예고에 의해 이런 상황이 중단된다.

누군가 여왕의 파이를 훔쳐서 용의자가 재판을 받는데, 판결을 하기 전에 선고부터 하라는 여왕의 말에 분격한 앨리스가 반박하자 여왕은 앨리스의 목을 치라고 명령한다. 앨리스는 "너희들은 카드 묶음에 불과해!"라고 소리치면서 카드를 흩뿌리자, 카드들이 낙엽처럼 우수수 앨리스 머리 위에 떨어지고 앨리스는 마구 팔을 휘젓다가 꿈에서 깬다.

제 정신을 지닌 앨리스와 살짝 미친 등장인물들의 말에 의한 결투는 흥미진진하다. 있을 법하지 않은 만남과 괴상망측한 대화를 통해 저자는 합리주의에 역행하고 논리가 부재하는 전혀 새로운 세계를 만들었다. 이 세계에서는 낱말의 규칙은 물론이려니와 시간과 공간의 개념까지 공격당한다. 먹는 것에 따라 키가 커졌다 줄어들었다 하고, 시간과 사이가 좋으면 시간도 마음대로 늘릴 수 있다. 오전 10시에 배가 고프면 오후 12시로 해달라고 시간에게 부탁해서 곧바로 점심을 먹을 수도 있다!

《거울 나라의 앨리스》(1872)

앨리스는 고양이와 장난을 치다가 거울을 통과해서

거울 속 방으로 살짝 뛰어내린다. 전작의 어린아이 앨리스가 우발적인 상황에 그때그때 수동적으로 맞부딪치는 데 비해, 후작에서는 성숙한 앨리스가 좀 더 대담하고 탐구적이어서 때로 논리적 추론에서 상대를 압도하기까지 한다.

《거울 나라의 앨리스》는 거울 뒤에 있는 '거꾸로된', '뒤바뀐' 세계를 의미하는데, 가령 목이 말라 죽겠는데 여왕은 바싹 마른 비스킷을 주면서 목을 축이라고 한다. 밖에서 안으로 들어가기 위해 노크하는 것이 아니라, 《거울 나라의 앨리스》에서는 안에서 노크해서 문을 열어주면 밖으로 나온다. 붉은 여왕을 보려면 앞으로 걸어가는 대신에 뒷걸음질을 쳐야 만날 수 있다. 제자리를 유지하기 위해서는 죽어라고 뛰어야 한다. 그리고 여왕은 미래도 추억한다! 왕의 메신저는 아직 저지르지도 않은 혐의로 투옥되고, 여왕은 손가락이 다치기도 전에 미리 알아서 고통을 느낀다. 원인은 결과에 선행하므로 상처가 나고 통증이 생긴다. 먼저 통증을 느끼고 상처가 뒤따르다니 참으로 이상한 나라다.

공통적으로, 두 동화는 둘 다 꿈속의 이야기다. 각각 카드 트럼프의 세계와 체스의 세계라고는 하지만 마지막에 가서야 밝혀지므로 그 규칙에 얽매이지는 않는다. 현실에서 있을 수 없는 일이 일어난다는 의미에서 두 소설은 판타지 소설이다.

호모 사피엔스가 이룩한 성공이 존재하지 않는 것을 상상하는 능력에서 기인한다는 점을 상기하면 보다 편하게 이해될 것이다.

루이 아라공[17]은 이 두 소설은 어린아이들만을 위한 소설이 아니라고 단언한다.[18] 나아가서 좀 과장해서 "인간 사고의 역사에 대한 소중한 자료"라고 격찬해 마지않는다. 꿈의 세계에서는 논리적 필연성에 엄격하게 매일 필요가 없다. 말도 안 되는 터무니없는 소

---

17   루이 아라공(Louis Aragon, 1897~1982),앙드레 브르통이 주도한 초현실주의 운동에 합류한 프랑스 시인, 소설가.

18   우리는 작가가 성인 독자를 염두에 두었다고 믿어 마지않는다. 버트런드 러셀은 아예 어린아이는 읽지 말라고 조언까지 한다. 그러나 아이들은 판타지에 빠져들어 이해가 안 되는 부분은 그냥 무시하고 넘어가는 경향이 있으니 염려하지 않아도 될 것이다.

리를 7살 난 소녀가 감당하기에는 너무 벅찬 감이 없지 않지만 배후에 논리학자가 버티고 있으니 크게 염려할 필요는 없다. 어린이 독자에게는 과도한 언어유희나 형식논리가 개입하더라도 별문제가 안 되는 것은 어린이들이 정신을 쏙 빼는 신기한 동물과 희한한 장면에 정신이 팔려서 이해할 수 없는 것은 그냥 넘어가기 때문이다.

《앨리스》는 교훈 일색인 기존 어린이 동화들의 답습이 아니다. 19세기 청소년 문학을 풍미했던 도덕주의, 향수에 젖은 감상주의, 아이들의 치기 어린 장난 따위는 없다. 어른의 세계에 적응하는 법을 배우는 소녀의 이야기도 아니다. 바로 이런 점이 출간되자마자 폭발적 인기를 누린 이유이다. 성경과 셰익스피어 다음으로 많이 읽힌 책이라고 한다. 앞으로 두 작품을 아우를 때 《앨리스》라고 표기하겠다.

《앨리스》를 소설이라기보다는 한 편의 서사시로 보는 해석이 있다. 시인의 정신과 수학자의 정신의 결합의 산물로 보는 관점이다. 어른들도 아이 못지않게 흥겨워하고 즐길 수 있다. 앨리스가 감당하기 어려운 정체성이나 실재성의 문제는 사실은 저자가 성인 독자에게 보내는 윙크가 아닌가.

　두 작품이 어린이뿐만 아니라 성인을 위한 이야기라는 소이가 여기에 있다. 두 작품에는 일관적인 줄거리는 없지만, 앨리스는 이상야릇한 인물들의 앞뒤가 안 맞는 말에 호락호락 앉아서만 당하지 않는다. 지치지 않고 설명을 요구해서 이야기를 진척시키며 세상을 배워 나간다. 매번 새로운 인물들이 등장하고, 그들의 괴이한 행태에 대한 앨리스의 반박과 항변이 플롯을 이끌어 나간다. 《거울 나라의 앨리스》에서는 앨리스가 졸(卒, pawn)에서 여왕이 되는 전체 플롯이 있기는 하지만 체스 게임 규칙에 크게 구애받지는 않는다.

　두 작품이 성공을 거둔 이유는 단순히 재미에 그치는 것이 아니라, 저자가 '재미있는 것'에 '유익한 것을' 첨가해서 '유익하게 재미있는 것'을 만들 수 있었기 때문이다. 각 에피소드마다 유익한 교훈이 숨어 있다. 사실 이 점이 우리가 집필을 결심하게 된 결정적인 이유이다.

　《이상한 나라의 앨리스》가 출판되었을 때 이미 《거울 나라의 앨리스》가 착수되었으니 두 권을 합쳐 한 권으로 보아도 무리가 없을 것으로 생각한다. 두 작품을 자유롭게 오가며 논의를 전개하겠다.

주인공 앨리스[19]

하얀 토끼에 이끌려 이상한 나라로 떨어져 모험을 하게 된다. 여성스러우면서도 주관이 뚜렷하고 인내심이 많아서 곤란한 상황을 잘 헤쳐 나간다. 말로는 집에 있을 때가 훨씬 좋았다고 하지만, 이상한 나라가 재미있다고 느낀다.

가정교육을 잘 받고 반듯하게 자란 단정하고 온화한 외모에 예의 바르고 언제나 남을 위해 봉사할 준비가 되어 있다. 기회만 있으면 칭찬을 아끼지 않는다. 오만하고 적대적인 등장인물에 대해서 '현실 원리'를 확립하기 위해 고군분투한다. 앨리스는 철부지가 아니라 논리와 상식을 존중하는 '애어른(a Child-Woman)'이다. 즉 어린이의 의식과 빅토리아 시대의 사회규범을 대변하는 어른의 의식이 공존한다. 그러나 앨리스는 부끄러워하고 수줍음을 잘 타는 영낙없는 7살의 소녀이다.

골탕 먹이기로 작정한 듯싶은 등장인물들에 의해 가

19　실존 인물 앨리스 리들(Alice Liddell, 1852~1934), 도지슨 교수를 루이스 캐럴로 만든 장본인. 당시 10살의 이 소녀는 캐럴의 어린이 친구이자 진정한 뮤즈였다.

혹 행위에 가까울 정도의 혹독한 신고식을 치른다. 정체성의 위기도 심하게 겪는다. 아무래도 나이가 어린 탓에 쥐가 싫어하는 고양이나 개에 대해 쥐에게 말하는 실수도 하고 때로는 말문이 막히기도 한다.

그럼에도 불구하고 주인공은 우리가 보기에 우선 감정이입의 능력이 뛰어나다. 얼토당토않는 말을 하는 상대를 만나도 참을성 있게 경청하며 이해하려고 애쓴다. 못마땅한 말을 들으면 재빨리 화제를 바꾸는 기지도 발휘한다.

다음으로, 앨리스는 두뇌 회전이 빠르다. 상대의 비논리를 즉시 파악해서 예리하게 반박할 줄 안다. 요컨대 앨리스는 아름다운 것과 추한 것, 규칙과 반칙, 존경할 만한 것과 경멸할 만한 것을 구별할 줄 안다.

논증의 타당성보다는 오로지 상대를 굴복시키려는 목적에서 논쟁술(eristics)을 무차별하게 동원하는 적대자들에게 앨리스는 어린이답지 않게 침착하게 주관적으로 판단하지 않고 상황을 있는 그대로 볼 줄 안다. 한마디로 앨리스는 '깨우친 아이(enlightened children)'다. 역경과 난관을 슬기롭게 헤쳐 나가는 슬기로운 소녀다. 고혹적인 자태의 어린 소녀이자 천진난만한 여

자인 동시에, 명민하고 수다스러운 앨리스는 20세기의
예술가들에게 수많은 아바타를 만들게 하는 계기가 되
었다.[20]

4. 등장인물

동물은 어린이에게 매혹의 대상이다. 특히 말하는
동물은 경이의 대상으로서 어린아이의 상상력을 자극
한다. 속내 이야기를 할 수 있는 친구로서 의인화된 동

---

20 20세기 프랑스 문단의 거장 레몽 크노(Raymond Queneau,
1903~1976)의 《지하철 소녀 쟈지》는 앨리스의 프랑스 식 패러디
다. 너무나 잘 알려진 나보코프(Vladimir Nabokov, 1899~1977)의
문제작 《롤리타》의 주인공은 앨리스와는 전혀 딴판이다. 벨기
에 여류 소설가 리디아 플렘(Lydia Flem, 1952~)의 《여왕 앨리스
(La Reine Alice)》(2011)는 프랑스와 벨기에의 유력지로부터 호평
을 받았고 시몽(Simon) 상, 로셀(Rossel) 상을 수상하였다. 우리
나라에서는 안국진 감독의 영화 〈성실한 나라의 앨리스〉(2015)
에서 보듯이 앨리스에 대한 열풍은 이어진다. 1951년 월트 디
즈니가 어린이를 위해 만든 애니메이션 《이상한 나라의 앨리
스》와 2010년 팀 버튼 감독의 영화 《이상한 나라의 앨리스》는
전혀 다른 두 버전이다.

물은 어린이의 정서적, 인지적 발달에 매우 중요하고 그래서 사회화 과정에 도움을 준다.[21]

흰토끼(White Rabbit): 앨리스의 모험의 시작을 알리는 중요한 역할로서, 지상의 세계에서 지하의 세계로

---

21 몽테뉴(Michel Eyquem de Montaigne, 1533~1592)는 동물애호가로서 데카르트의 '동물-기계론'을 거부하며 이렇게 말한다. "내가 내 고양이와 놀 때, 내가 그의 놀잇감인지, 그가 나의 놀잇감인지 알 수가 없다. 우리는 서로 짓궂게 군다."
그는 동물도 인간과 마찬가지로 '사회적 동물'이라고 하면서 이렇게 말한다:
"비록 그들이 목소리는 없다고 하지만 다른 의사소통 수단을 가지고 있는 것 같다:그들의 동작은 그들의 추리방식과 생각을 나타낸다."
가령 알프스에 사는 마르모트는 발뒤꿈치를 들어 올려 몸을 세우고 귀를 쫑긋 세워 주위를 감시한다. 필자가 지나갈 때, 그 표정으로 보아 "어, 처음 보는 친구네!"라고 말하는 것 같았다. 몽테뉴는 동물에 대한 폭력이 결국 인간에 대한 폭력으로 이어진다고 보았는데, 전적으로 공감한다.
참고로, 장 드 라퐁텐(Jean de La Fontaine, 1621~1695)은 동물들을 통해 왕정을 비판했다.
캐럴의 작품을 빅토리아 왕조를 풍자한 것으로 보는 시각도 있지만, 그보다는 오직 소녀들을 즐겁게 하기 위한 시도일 뿐이라고 보는 것이 다수의 견해다.

즉 의식의 세계에서 무의식의 세계로 안내하는 길잡이다. 꿈과 현실의 경계를 상징한다고 볼 수 있다. 조끼를 입고 회중시계를 보며 늦었다고 허둥댄다. 빅토리아 시대 사람들의 허둥대는 모습을 묘사하였을 것이다.

3월 토끼(March Hare): 3월은 토끼 발정기. 여기에서는 미친 상태를 암시한다.

그리폰(Griffon): 몸은 사자, 머리와 날개는 독수리, 귀는 말, 볏은 물고기 지느러미 모습인 괴기한 모습의 동물이다.

가짜 거북(Mock Turtle) 또는 환상의 거북이[22]: 우울증에 걸려 침울한 거북인데, 앨리스는 그의 판타지에 영향을 받는다.

---

22   당시에 유행하던 '가짜 거북 수프(The Mock Turtle Soup)'에서 빌린 이름이다. 구하기 어려운 바다거북 대신 송아지 머리 고기를 써서 비슷하게 맛을 낸 수프다.

체셔 고양이(Cheshire Cat): 체셔는 루이스 캐럴의 고향이다. 체셔 고양이는 언제나 미소를 짓고 있는 사랑스런 동물인데 앨리스에게 속내 이야기를 털어놓는다, 그 자신과 앨리스는 물론이고 앨리스 주변이 온통 미친 사람들이라는 것이다. 이 고양이는 꼬리부터 시작하여 몸통을 거쳐 머리가 점진적으로 사라지는 재능을 가졌는데 종국에는 허공에 미소만 남기고 사라진다! 나타났다 사라지곤 하는 수수께끼 같은 존재이다.

애벌레(Caterpillar): 버섯 위에서 물담배를 피우며 철학자인 척하면서 앨리스에게 오만하고 경멸적인 태도를 보인다. "너는 누구냐(Who are you?)"는 질문을 계속해서 앨리스를 당황하게 만든다. 그러나 사라지기 전에 앨리스에게 키를 조절하는 요령을 가르쳐주는 친절을 베풀기도 한다.

새앙쥐: 앨리스가 자신이 흘린 눈물의 늪에서 만나 서로 도와가며 늪가로 나온다. 앨리스는 집에서 기르는 고양이 다이나(Dinah)와 이웃집 개에 대해서 신나게 말하다가 자신의 말실수를 깨닫고는 수습하기 위해 애

를 먹는다.

도도(Dodo): 도지슨 교수가 언젠가 자연사 박물관에
갔을 때 발걸음을 멈추게 한 것이 모리스 섬의 멸종된
도도새이다. 그는 이상한 부리를 가진 이 땅딸막한 새
를 보고 무척 기뻐한다. 무슨 영문인지는 몰라도 자신
을 닮은 이 새를 보고 말더듬 콤플렉스에서 벗어났다
고 한다. 이후 이 새는 '도지슨의 새'가 되었다.[23]

왕과 하트의 여왕: '이상한 나라'의 전제군주들이다.
카리스마가 넘치는 여왕은 벼락같이 화를 내는 불같은
성미지만 금세 돌변하여 온화한 표정을 짓기도 한다.
종잡을 수 없는 성격에 걸핏하면 목을 치라는 명령을
내려 공포분위기를 자아냄으로써 인간 본성의 어두운
면을 드러낸다. 왕은 편파적인 재판관으로서 그의 권
위를 유지하기 위하여 제멋대로 법을 바꾼다. 물론 트

---

23 보들레르는 시인을 알바트로스에 비유했다. 이 새는 창공에서
    는 우아하게 날지만 땅에 착륙할 때는 서투르기 짝이 없다. 시
    인이 세상과 불화한 처지를 그렇게 나타낸 것이다.

럼프에서의 왕과 여왕일 뿐이다.

모자장수(Hatter), 3월 토끼(Marche Hare), 겨울잠쥐 (Dormouse): 이들은 숲의 공터에서 차를 마시면서, 영국식 유머의 전형인 난센스의 부조리와 광기를 유감없이 보여준다. 마치 허담증(虛談症, confabulation)에 걸린 듯 공상의 세계를 실제처럼 토해낸다. 차 마시는 시간은 고정되어 있어서 시간이 가지 않기 때문에 이들은 끊임없이 차를 마셔야 한다! 생일이 아닌 날을 축하하며 매일 다과회를 벌이고 차를 마시면서 계속 떠들어대고 비정상적인 일들을 아무렇지도 않게 해낸다.

트위들디 트위들덤: 앨리스가 왕의 꿈속에 나타나는 존재일 뿐이라고 말하면서 가장 앨리스를 괴롭히는 형제다.

험프리 덤프티: 우리가 한 장(章)을 할애할 가치가 있다고 판단하는 달걀인간이다.

주로 동물을 등장시켜 난센스 문학의 고전으로 자리

매김한 《앨리스》는 전 세계적으로 연극, 영화, TV 드라마, 뮤지컬 등으로 각색되어 수많은 사람들에게 즐거움과 성찰의 기회를 제공하였다.

5. 개요

1부: 언어 실험과 논리 게임

I장: 언어 분석, 《앨리스》는 영어로 쓰여진 책이지만 저자는 인간언어에 보편적인 현상들의 분석에 집중하였다. 직시사(直示辭) 'I-Here-Now'를 비롯하여 전제(presupposition)현상 등 모두 9가지 흥미로운 주제를 다룬다. 나아가서 언어적 개념들이 내포하는 철학적 함의까지 추구하였다.

II장: 《거울 나라의 앨리스》 6장은 인문학 과정 한 학기 교재로 써도 될 만큼 손색이 없다. 여기에서도 언어의 메커니즘을 다루지만 험프리 덤프티(Humpty Dumpty)의 독특한 언어이론 때문에 별도의 장으로 구분했다. 그는 언어학자이자 탁월한 궤변가다.

III장: 루이스 캐럴은 수학자이자 논리학자이다. 그의 작품 곳곳에 해결책을 찾을 수 없는 난문제(難問題, Aporie)가 등장한다. 작가가 어른 독자를 염두에 두었다고 우리가 믿는 소이(所以)이다.

2부: 정체성, 꿈, 실재

IV장: '정체성의 위기'를 겪어보지 않은 사람이 있을까? 이 물음은 나이를 불문하고 찾아와 어린 앨리스를 괴롭힌다. 우리는 이 기회에 이 문제를 가능한 끝까지 추궁하고자 한다.

V장: 《이상한 나라의 앨리스》나 《거울 나라의 앨리스》가 모두 꿈에서 일어난 사태들을 다루고 있다. 프로이드가 무의식을 연구하는 왕도라고 말한 이 꿈을 차제에 재검토할 것이다. "인생은 꿈이다."라는 생각이 평소 필자의 의식의 지평에 있었음을 실토한다.

VI장: 실재(實在)란 무엇인가? 우리는 마침내 궁극적인 문제에 봉착했다. 프랑스어 숙어에 'prendre le taureau par les cornes.'라는 표현이 있다. '황소의

뿔을 잡는다.', 즉 난관을 피하지 않고 정면으로 대응한다는 뜻이다. 당랑거철의 느낌에도 불구하고 우리가 이 문제에 도전하는 이유는 이 문제가 진리(眞理)의 문제와 직결된다고 생각하기 때문이다.

3부: 《앨리스》의 이삭줍기

Ⅶ장: 프랑스에 루이스 캐럴을 소개한 이들은 꿈에서 일어난 사건들로 이루어진 《앨리스》에 열광한 초현실주의자들이었다. 이들에게 영감을 준 《앨리스》의 몇몇 장면들을 소개한다. 여기에서 우리는 최고급 판타지를 만날 수 있을 것이다.

Ⅷ장: 어딘가에 도착하려면 두 배의 속도로 뛰어야 한다는 이른바 '붉은 여왕 효과(가설)'를 진화생물학과 경영학에 응용하려는 시도이다. 아울러 마음은 동시에 두 가지 일을 못한다는 하얀 여왕의 지혜를 들여다본다. 뇌과학이라는 용어가 생소한 당시로서는 아주 참신한 발상이라고 하지 않을 수 없다. 루이스 캐럴은 이를 몸소 실천했다고 고백한다. 성적 강박관념에 시달리거나 불경스런 생각이 날 때, 이를 떨쳐내기 위해

수학 문제에 몰입했던 것이다. 그 결과물이 〈Pillow problems(잠 못 이루는 밤을 위한 문제들)〉[24]이다.

IX장: 양자역학은 고양이와 친하다. 머리부터 사라지기 시작하여 몸통이 사라지고 마침내 꼬리까지 사라지는 체서 고양이라니! 이뿐만이 아니다. 허공에 고양이의 미소만 덩그러니 걸려 있다. '슈뢰딩거의 고양이'는 마중물로 도입했다. 루이스 캐럴은 자신의 소설이 물리학자들의 관심을 끌 수 있을지 예상했을까?

루이스 캐럴에 대해 다학문적인 접근을 시도한 이 책은 지적 호기심을 지닌 모든 사람들을 위해 쓴 책이다. 저자는 전에 덕성여대 교양과정에서 한 학기 동안 앨리스에 대한 강의를 한 적이 있는데 학생들의 호응이 기대 이상이었다. 학생들의 의식의 지평을 확대하는 데 기여했다고 믿는다.

우리의 시도는 하나의 지적 모험으로서 이 책에서

---

[24] 이 책과 〈논리 게임〉 등에서 발췌하여 《이상한 나라의 추리 파일》(조은희 역, 보누스, 2015)가 번역되었다.

제시된 내용들은 저자가 매료됐던 생각들이다. 어딘가
에는 오류가 숨어 있을 수도 있다. 이를 지적해 준다면
학문공동체의 일원으로서 배움의 기회로 삼을 것이다.
이를 위해 이메일 주소를 남긴다.

: kseopcheong@hanmail.net

1부

언어 실험과
논리 게임

I.

언어 실험 : 난센스의 근본

1. 대화의 원점 : '나-여기-지금'

이상한 나라의 여왕답게 여왕의 행색은 초라하다 못해 앨리스의 동정심을 유발한다. 하얀 여왕의 머리가 엉망이라 앨리스는 정성스럽게 하얀 여왕의 헝클어진 머리를 손질해준다. 이에 만족한 여왕은 시중들어주는 하녀를 두어야 되겠다는 앨리스의 제안에 답변하는 것으로 장면은 시작된다.

여왕	"너라면 기꺼이 채용하마! 일주일에 2펜스, 그리고 이틀에 한 번씩 잼을 주마."
앨리스	(웃음을 참으며)"저는 일자리가 필요 없어요. 그리고 잼은 별로 좋아하지 않아요."
여왕	"아주 좋은 잼이야."
앨리스	"어쨌든 전 오늘은 잼이 먹고 싶지 않아요."
여왕	"네가 원한다고 해도 가질 수 없어. 내일 잼. 어제 잼. 하지만 오늘 잼은 결코 없는 것이 규칙이거든."
앨리스	"언젠가는 오늘 잼이 올 수밖에 없잖아요."
여왕	"아니, 그렇게는 안 돼. 잼은 이틀에 한 번이야. 너도 알겠지만 오늘은 '오늘이 아닌 날'이 될 수 없으니까 말이야."
앨리스	"이해가 안 돼요. 너무 헷갈려요."

| Queen | "I'm sure I'll take you with pleasure! Two pence a week, and jam every other day." |
| Alice | "I don't want you to hire me-and I don't care for jam." |

여왕의 머리를 손질하는 앨리스

Queen	"It's very good jam."
Alice	"Well, I don't want any today, at any rate."
Queen	"You couldn't have it if you did want it. The rule is jam tomorrow and jam yesterday but never jam today."
Alice	"It must come sometimes to 'jam today.'"
Quine	"No, it can't. It's jam every other day; today isn't any other day, you know."
Alice	"I don't understand you. It's dreadfully confusing."

(TTLG, pp.174~175.)

어제와 내일의 잼은 있지만 오늘의 잼은 없다는 여왕의 말은 7살 난 어린아이가 이해하기에는 무리가 있다. 이를 이해하기 위해 두 사람이 음식점에서 대화하는 장면을 도입하기로 하자.

갑 "어제 그 영화 어땠어? 재밌다고 하던데…"

을 "나는 별로더라. 좀 우울하더라."

갑 "네가 그리 말하니 볼 맘이 사라지네!"

갑 "그래도 한 번 봐! 네 느낌은 다를 수도 있잖니."

을 "그럴까. 시간 나면 한번 보지, 뭐."

갑 "근데 이 식당 어떻게 알았어?"

을 "아, 회사 사람 중에 여기 단골이 있어."

갑 "그랬구나. 이 집 아주 맘에 드네. 담에 또 오자!"

을 "네가 좋아하니 다행이다. 이제 나가서 커피 마시자."

갑 "여기서 마셔. 저기 셀프 커피 있네!"

대화에 나오는 '어제', '너/나', '여기/저기'라는 표현
은 갑/을의 신분, 대화가 이루어지는 날짜와 장소를 알
아야 파악할 수 있는 어휘들이다. 이 단어들은 다른 어
휘와 근본적으로 다르다. 어떻게 다른지 알아보자.

데카르트좌표는 어떤 점의 위치를 정하기 위하여
기준이 되는 원점을 설정한다.[1] '나-지금-여기(I-Now-

---

[1]   이 간단한 아이디어가 해석기하학을 낳게 하는 출발점이 된

Here)'는 대화 상황의 원점을 가리키는 특수한 어휘다. 이 단어들은 서술(description)하는 용도를 지닌 여타 다른 어휘와는 용법이 다르다.

하나의 단어는 사전적으로 그 의미가 정해지고 그 의미는 모든 사회구성원이 따라야 한다. 그러나 '나', '지금', '여기'는 말하는 사람과 장소와 시간에 따라서 전혀 다른 것을 가리킨다. 즉 '나'는 '나'라고 말하는 사람을 가리키고, '지금'은 '지금'이라고 말할 때의 시간을 나타내며, '여기'는 '여기'라고 말할 때의 장소를 가리킨다. 그래서 이런 어휘들을 직시어(直示語, deixis)라고 한다.

당연히 개별 대화에서 이 어휘들은 그때마다 다른 지시대상을 가리킨다. 연동자(shifter)라고도 불리는데 이것은 자동차에서 피스톤의 수직운동을 바퀴의 회전운동으로 변환시키는 장치다. 여기에서는 유형(type) 즉 사전의 표제어에서 대화의 사례(token)로 바꿔준다

다. 해석기하학 덕분에 기하학 문제를 대수적인(algebrical) 방법으로 풀 수 있게 되었다. 즉, 유크리드 기하학이 요구하는 기하학적 직관이 없더라도 방정식을 사용하여 기하학 문제를 풀수 있게 되었다는 말이다.

는 뜻이다. 사전의 표제어로도 'I', 'Now', 'Here'가 있지만 이들은 대화에서 나오는 것과는 성격이 전혀 다르다. 문장의 경우, 속담사전에 나오는 "시간은 금이다."를 교수가 교훈 삼아 학생들에게 이 속담을 인용할 경우, 사전에 있는 것은 유형이고, 활용된 것은 사례다.

다른 맥락에서, 앨리스는 "때때로 오늘 좋은 일이 있는 날도 와야 한다."고 주장하는데, 여왕은 "그럴 수는 없다. 하루걸러 좋은 날이 오기는 하지만 오늘은 결코 그 날이 아니다." 어제나 내일은 좋은 날이 될 수 있지만, 오늘은 결코 좋은 날이 될 수 없다는 것이다. 그렇게 되면 좋은 날은 결코 올 수가 없다! 그러나 이 주장은 궤변에 불과하다.

날짜에 대한 우리말 맞춤법 체계를 보자.

엊그제 - 그제 - 어제 - 오늘 - 내일 - 모레 - 글피 - 그글피

만약 당일(當日)이 '내일'이라면 '오늘'은 '어제'가 된다. 그리고 당일이 '그제'라면 '어제'는 '내일'이 된다. 따라서 어제와 내일의 잼은 있고 오늘의 잼은 없는 그런 일은 있을 수 없다.(증명 끝!)

전국에 적지 않은 미용실에 '오늘 이발하는 날'이라고 쓰인 문구를 볼 수 있다. 일년 12달 하루도 쉬지 않고 영업하겠다는 말이다. 어떤 상점에 가 보니 아래와 같은 게시가 걸려 있다.

'금일 휴업'

꼭 방문해야 할 일이 있는데, 내일 와도 되는가?

이때는 이 말이 쓰여진 매체를 보면 알 수 있다. 종이 위에 쓴 것이라면 당일 하루만 휴업일 확률이 높다. 그러나 플라스틱 판 위에 쓴 글이라면 내일 오지 않는 편이 낫다. 사족을 달자면 사람들이 마냥 미루는 습관도 잘못하면 '금일 휴업' 류(類)에 속할 수 있겠다.

이제부터 잠시 괄호를 열겠다.[2]

---

2   불어권에서 "괄호를 열겠다(Ouvrons les parentheses)."라는 말은, 지금 논의하고 있는 주제와 관계는 없지만 다른 맥락에서 중요한 의미가 있어서 그냥 지나치기에 아까워 잠시 주제에서 벗어나는 이야기를 하더라도 양해를 바란다는 뜻이다. 글에서

"'지금 여기'에 머물러라!"라는 말은 근래에 자주 듣는 말인데, 제정신을 차리고 전적으로 현존(現存)하라 즉 "깨어 있으라!"는 말인데, 수양의 지침으로서 핵심적인 교훈이다.

인간은 생각하는 동물이다. 그런데 생각은 현재보다는 늘 과거와 미래로 치닫는 속성이 있다. 그것도 긍정적인 일보다는 부정적인 일에 쏠린다. 돌이킬 수 없는 과거에 대한 회한, 오지도 않은 미래에 대한 근심 걱정으로 사는 것이 적지 않은 사람들의 살아가는 모습이다.

요컨대 사람들은 '생각'으로 인해 불행을 느끼는 경우가 많다는 것이다. "엎질러진 우유 때문에 울지 말고, 미리 다리를 건너지 마라."는 서양 속담은 바로 그 점을 경계하는 말이다. '지금 여기에 머물라!'는 말과 정확하게 일치한다.

뿐 아니라 대화에서도 자주 등장한다.

100년 전의 '오늘'이나 100년 후의 '오늘'이나 다 같은 '오늘'이다.

어제의 '지금'이나 오늘의 '지금' 그리고 내일의 '지금'도 다 똑같은 '지금'이다.

이것이 '순간에서 영원으로' 가는 비밀의 문이다.

의상대사[3]의 〈법성게〉에 '일념즉시무량겁(一念卽 是無量劫)'이라는 구절이 나온다.

가장 짧은 시간 단위인 일념, 즉 찰나(1/75초)가 겁(劫), 곧 영원(永遠)이란 말이다. 상식적인 견해로 보자면 찰나와 영겁이 같을 수가 없는데 의상대사는 다르지 않다고 한다. 이것이 선각자(先覺者)와 범부(凡夫)의 차이다. 그런데 우리가 '영원한 현재' 속에서 살고 있다는 것은 부정할 수 없는 진실이다. 살아있는 동안 인간은 언제나 '현재'에 산다.

---

3   의상대사(625~702), 원효대사와 더불어 신라시대의 대표적인 승려. 〈법성게〉는 의상대사가 지은 선시로 《화엄일승법계도》에 수록되어 있다. 온 생을 통해 연구할 가치가 있는 보물로 필자는 생각한다.

> "지금 여기에 머무르라!"는 교훈은 잘만 응용하
> 면 유익한 지침이 될 수도 있다. 가령 술을 끊으려
> 는 사람은 "오늘만 마시지 말자!"라고 다짐하면 한
> 결 수월하게 목표를 이룰 수 있는 것이, 하루만 참
> 으면 되기 때문이다.

'나-지금-여기'에 못지않게 아주 특이한 어휘들이 있
는데 시인 비스와라 심보르스카[4]가 발견했다.

내가 '미래'라는 낱말을 입에 올리는 순간,
그 단어의 첫째 음절은 이미 과거를 향해 출발한다.
내가 '고요'라는 단어를 발음하는 순간,
나는 이미 정적을 깨고 있다.

---

[4] 비스와바 심보르스카(Wisława Szymborska, 1923~2012), 폴란드의
    시인. 1996년 노벨문학상을 수상하였다.

내가 '아무것도'라고 말하는 순간,

나는 이미 무언가를 창조하게 된다.

결코 무(無)에 귀속될 수 없는

실재하는 그 무엇인가를.

이런 발견을 하기 위해서는 절대음감[5]에 맞먹는 언어직관력을 갖추지 않으면 안 된다. 미술이나 음악은 재능을 타고나야 한다고들 말한다. 언어능력에도 어느 정도는 맞는 말이 아닐까 싶다.

2. 전제(presupposition): "난 그런 적 없어!"

자리가 많이 남는데도 빈자리가 없다고 거절하는 것을 앨리스는 무시하고 가까스로 자리를 잡는다. 아직 차를 마시지도 않은 앨리스에게 '3월 토끼'가 "차를 더

---

[5] 어떤 음을 듣고 그 고유의 음높이를 즉각 판별할 수 있는 청각 능력. 극소수의 사람만이 이 능력을 갖고 있다고 한다.

마시지 그래."라고 권하자, 우리의 영민한 주인공은
이렇게 반박한다.

3월 토끼	"차를 좀 더 마시렴."
앨리스	"나는 아직 아무것도 안 먹었어요. 그러니까 더 먹을 수가 없죠."
모자장수	"덜 마실 수 없다는 뜻이겠지, 덜 마시는 것보다는 더 마시는 게 훨씬 더 수월하지."

March Hare	"Take some mor tea."
Alice	"I've had nothing yet, so I can't take more."
Hatter	"You mean you can't take less, it's very easy to take more than nothing."

(AIW, p.65.)

이게 무슨 말인가?

모자장수는 광기가 가라앉았는지 전적으로 수학적
인 관점에서 앨리스를 공격한다. 수학적 관점에서 보

자면, 덧셈을 하기 위해 무언가 선행하는 것이 있을 필
요가 없다.

$$0 + 1 = 1$$

이것을 일반화하면,

$$0 + k = k$$

이 식을 통상적인 산수의 등식으로 생각해서는 안
된다. 앨리스가 차를 마시지 않았더라도 더(+) 마실 수
있다는 것을 설명해주는 식이다. 덧셈을 하기 위해 첫
번째 수가 0이어도 아무런 문제가 없듯이, 차를 더(+)
마시기 위해 꼭 그에 앞서 차를 마셔야 한다는 의무는
없다는 것이다.

다른 비유를 들어보자. 아이가 집의 현관을 그려 놓
았다. 나는 아이에게 고양이 한 마리를 더 그리라고 주
문할 수는 있다. 그런데 현관에 고양이의 '부재(不在)'를
그리라고 한다면?

여기가 바로 언어와 논리가 충돌하는 지점인데, 자

연언어에서 이른바 전제(presupposition)라고 부르는 현상이다. 어떤 실없는 친구가 당신에게, "요즘은 큰길에서 고성방가 안 하지?"라고 묻는다면 당신은 뭐라고 대답할 것인가? 긍정적으로 대답하든 부정적으로 대답하든 당신은 덫에 걸리게 되어 있다. 안 한다고 부정을 하더라도 과거에는 큰 소리로 노래를 불렀다는 사실을 자백하는 꼴이 되기 때문이다.

언어학에서는 이런 경우를 전제(presupposition)라고 한다. 전제란 한 문장이 참(true)이 되기 위해 선행하는 조건이다. 가령 "나는 담배를 끊었다."는 문장이 참이 되기 위해서는 내가 전에 담배를 피운 사실이 전제되어야 한다. 담배를 피우지도 않았는데 끊을 수는 없지 않은가. 앨리스는 바로 언어의 논리에 입각해서 이 점을 주장한다. 그러나 위에서 보듯이 수학적인 관점 또한 나무랄 데가 없다.

3. 문법과 난센스: "뭐라고?"

대화에서 모호성(ambiguity)과 오해(misunderstanding)

는 가장 문제가 된다. 아래의 일화는 모호성이 어떻게 발생하는지 보여주는 사례이다. 눈물 웅덩이에서 허우적대다가 겨우 기슭에 오른 일행에게 생쥐가 몸을 말려(dry)주겠다고 제안하면서, 이건 자기가 아는 최고의 건조방법(driest)[6]이라며 이야기한다.

생쥐   "교황의 총애에 힘을 얻은 정복왕 윌리엄
은 지도자를 원하고 있던, 그리고 찬탈과
정복에 길들여져 있던 영국 사람들에게
쉽게 인정을 받았습니다. 머시아(잉글랜드
중부의 옛 왕국)의 에드윈 백작과 노섬브리
아(중세기 영국의 북부에 있었던 왕국)의
모르칸 백작은 정복왕 윌리암을
지지했습니다. 심지어 애국적인 캔터베
리 대주교 스티캔드조차
그것이 현명한 일임을 발견하고…"

6   'dry'는 동사로는 '말린다'는 뜻인데, 형용사로 쓰이면 '무미건조한'이란 뜻이다. 동사를 형용사로 바꾼 말장난이다.

Mouse   "William the Conqueror, whose cause
             was favoured by the pope, was soon
             submitted to by the English, who want-
             ed leaders, and had been of late much
             accustomed to usurpation and conquest.
             Edwin and Morcar, the earls of Mercia
             and Northumbria, declared for him: and
             even Stigand, the patriotic archbishop
             of Canterbury, found it advisable..."

여기에서 오리가 생쥐의 말을 중간에서 가로채고 조
급증을 보이는 데에서 사달이 난다.

오리   "무엇을 발견했는데요?"
생쥐   "그것을 발견했죠. 물론 '그것'이 무엇을
             의미하는지는 다 알고 있지 않습니까?"
오리   "내가 어떤 것을 발견했을 때 '그것'이 무
             엇을 의미하는지는 내가 잘 알지요. 그건

대개 개구리나 벌레예요. 문제는 대주교
가 무엇을 발견했는가 하는 것이지요."

생쥐는 이 질문에 아무 관심을 두지 않은 채,
서둘러 이야기를 계속한다.

생쥐   "에드가 왕자와 함께 윌리암을 찾아가서
       왕관을 바치는 것이 현명한 일임을 발견
       했습니다."

Duck   "Found what?"

Mouse "of course you know what 'it' means."

Duck   "I know what 'it' means well enough,
       when I find a thing, it's generally a frog
       or a worm. The question is, what did
       the archbishop find?"

The Mouse did no notice this question,
but hurriedly went on,

| Mouse | "⋯found it advisable to go with Edgar Atheling to meet William and offer him the crown." |

(AIW, p.20.)

오리는 생뚱맞게 '그것(it)'을 어떤 사물을 가리키는 지시대상(referent)으로 사용하고 있다. 그리고 '오리 머리'로 이해하기에(!) '그것'은 먹을 수 있는 것에 다름 아니다. 그러나 여기에서 'it'는 'to go with⋯' 이하, 즉 '기욤에게 왕관을 주러 가는 것'을 가리키는 가목적어(provisional objet)다.[7]

유사한 상황이 다른 장소에서도 벌어진다.

| Alice | "I've often seen them at dinn-" |
| Mock Turtle | "I don't know where Dinn may be," |

(AIW, p.90.)

---

7   영어의 '가주어'(假主語), 가목적어(假目的語)를 말한다.

위 대화는 'dinner'이라고 말하려다 중간에 끊어진 말을 가짜 거북은 지명으로 착각해서 벌어지는 코미디이다. 우리말은 끝까지 들어봐야 안다고들 한다. 왜 그럴까? 영어는 '주어+동사+목적어'로 이어져 문장에서 가장 중요한 술어(predicate)가 목적어 앞에 오지만, 우리말에서는 술어가 맨 마지막에 오기 때문이다.

나는 너를 사랑 안 해!

이때 끝까지 듣지 않고, "…사랑…"에서 상대를 포옹하면? 재수 없으면 구설수에 휘말리기에 딱이다. 특히 기사의 제목은 끝까지 읽지 않으면 오해하기 쉽다.

"○○일가 수사 비난은 내로남불"

'…수사 비난'까지만 읽으면 수사가 잘못됐다는 기사가 된다. 끝까지 읽어야 이 비난이 잘못됐다는 정반대의 의미가 된다. 신문기사의 제목에는 이런 상황이 허다하다.

4. 동음이의어: "Can I buy a can?"

루이스 캐럴의 동화에는 유난히 동음이의어(homonym)[8]
에 의한 말장난(wordplay)이 널려 있다. 난센스를 도입
하기 위해 아마도 가장 수월한 기법이기 때문이다.

생쥐   "그건 아주 길고 슬픈 이야기야!"

앨리스   "그래, 네 꼬리가 긴 꼬리인 건 맞아. 근데
               왜 슬픈 꼬리라고 부르는 거지?"

Mouse   "Mine(My history) is a long and a sad tale!"

Alice   "It is a long tail, certainly, but why do
               you call it sad?"

(AIW, p.23.)

8   발음은 같지만 의미가 다른 단어들: 먹는 **배**/타는 **배**/사람 몸
의 **배**

영어에서 이야기(tale)와 꼬리(tail)는 동음이의어다.[9] 생쥐의 '이야기'를 앨리스는 '꼬리'로 받아들였으니 생쥐가 화를 내는 것도 이해할 만하다. 앨리스의 엉뚱한 말에 생쥐는 화가 나서 이렇게 말한다.

생쥐   "내 말을 듣지 않는구나!

           도대체 무슨 생각을 하고 있는 거야?"

앨리스   "미안해, 네 꼬리가 다섯 번 휘어졌지?"

생쥐   (화를 내며) "아니야!"

앨리스   "그럼 꼬리에 매듭이 졌구나,

           내가 매듭을 풀어줄게!"

생쥐   "무슨 엉터리 같은 소리야. 나를 모욕하지 마!"

9   비슷한 발음을 오해하는 경우 때로는 생사의 문제가 될 수도 있다. 번지점프에서 "No jump!"를 "Now jump!"로 오해해서 17세의 소녀가 목숨을 잃은 사례도 있다.

she kept on puzzling about it while the Mouse was speaking, so that her idea of the tale was something like this –

'Fury said to a
mouse that
he met in
the house,
"Let us
both go to
to law: *I*
will prosecute
you. Come,
I'll take no
denial: we
must have a
trial: for
really this
morning
I've noth-
ing to do."
Said the
mouse to
the cur,
"Such a
trial, dear
sir, with
no jury
or judge,
would be
wasting
our
breath."
"I'll be
judge, I'll
be jury,"
said
cun-
ning
old
Fury;
"I'll
try
the
whole
cause,
and
con-
demn
you to
death.'"

다섯 매듭이 있는 생쥐의 긴 꼬리

Mouse	"You are not attending! What are you thinking of?"
Alice	"I beg your pardon, you had got to the fifth bend, I think?"
Mouse	(very angrily) "I had not!"
Alice	"A knot! Oh, do let me help to undo it!"
Mouse	"You insult me by talking such non-sense!"

(AIW, p.25.)

앨리스는 생쥐가 'not'이라고 소리친 것을 다시 'knot(매듭)'으로 잘못 알아들었다. 위 생쥐 꼬리의 그림은 앨리스의 오해를 시각화한 것이다.

아래 장면 역시 동음이의어 때문에 벌어지는 동문서답의 또 다른 사례이다.

붉은 여왕	"생활에 유익한 질문의 답을 아니? 빵은 어떻게 만들지?"

앨리스	"나 그거 알아요! 밀가루를 적당히…"
하얀 여왕	"어디에서 꽃을 따지? 정원 아니면 울타리?"
앨리스	"어머나, 그건 따는 게 아니라 갈아서…"
하얀 여왕	"얼마나 넓은 땅에서?"

Red Queen	"Can you answer useful questions? How is bread made?"
Alice	"I know that! You take some flour…"
White Queen	"Where do you pick the flower? In a garden or in the hedgess?"
Alice	"Well, it isn't picked at all, it's ground…"
White Queen	"How many acres of ground?"

(TTLG, p.228.)

밀가루(flour)와 꽃(flower)의 발음이 같아서 여왕은 밀가루를 꽃으로 알아듣고, '갈다(grind)'의 과거형 'ground'를 발음이 같은 땅(ground)으로 알아들었다.

그런데 흥미로운 일이 벌어진다. 한 단어를 음이 같은 다른 단어로 대체할 때 난센스가 발생할 뿐만 아니라 큰 오해를 일으킨다. 그럼에도 불구하고 폭소가 유발된다. 사람들은 어처구니없을 때 웃는다. 길에서 엉덩방아 찧는 사람을 보고 웃듯이.[10]

소통이 안 되고 먹통이 되는 또 다른 사례를 보자.

모자장수   "저는 보잘 것 없는 사람입니다, 폐하.
                     차를 마시기 시작한 건 일주일이 넘지
                     않았구요. 버터 바른 빵이 왜 이리 얇아
                     졌는지 그리고 찰랑거리는 차(tea, 티)…"

왕   "뭐가 찰랑거린다구?"

모자장수   "그러니까 차(tea)에서 시작했거든요."

왕   "twinkling이 T에서 시작하는 것은 당연
             하지. 나를 저능아 취급하냐?"

[10]   Henri Bergson, Le Rire(웃음), 1900.

Hatter	"I'm a poor man, your Majesty, and I
	hadn't begun my tea-not above a week
	or so-and what with the bread-and-
	butter getting so thin-and the twinkling
	of the tea-"
King	"The twinkling of what?"
Hatter	"It began with the tea,"
King	"Of course twinkling begins with a T.
	Do you take me for a dunce? Go on!"

(AIW, p.100.)

모자장수의 'tea(티)'를 왕은 'twinkling'의 첫 철자 't(티)'로 착각한 웃지 못할 난센스다. 잘못된 비교 또한 난센스를 유발한다. 겨울잠쥐는 우물에서 물을 길어 올리듯이 당밀은 당밀 우물(treacle-well)에서 길어 올린다고 말도 안 되는 주장을 펼친다. 앨리스가 그런 것은 없다고 반발한다. 그러나 모자장수와 3월 토끼가 겨울 잠쥐 편을 들고 앨리스를 비난하자, 앨리스는 대화가 끊기는 게 두려워 한 걸음 물러서면서 말한다.

앨리스	"방해해서 미안해요.
	당밀 우물이 있을지도 모르겠네요."
겨울잠쥐	"하나 있구말구!"

Alice	"I won't interrupt you again.
	I dare say there may be one."
Dormouse	"One, indeed!"

(AIW, p.65.)

앨리스는 'one'을 당밀 우물을 받는 대명사로 사용했는데, 겨울잠쥐는 '하나, 둘, 셋…'할 때의 수사로 써서 '당밀 우물 한 개'를 강조한다. 앨리스는 'the treacle-well'을, 겨울잠쥐는 'a treacle-well'을 주장한다. 'the'와 'a'의 미묘한 차이다. 세 자매가 당밀 우물의 바닥에서 살고 있는데, 이들이 어떻게 당밀을 길어 올릴 수 있냐고 앨리스가 반박하자, 겨울잠쥐는 말을 살짝 바꾼다.

앨리스	"그들은 우물 안에서 살았잖아요?"
겨울잠쥐	"그 안에서 잘 살았지."

Alice	"But they were in the well,"
Dormouse	"Of course they were well in."

(AIW, p.66.)

앨리스는 'well'을 '우물'의 의미로 썼는데, 겨울잠
쥐는 부사로 써서 '그 안에서 잘 산다.'고 슬쩍 피한다.
'in the well'과 닮음을 가장한 'well in'은 하늘과 땅
사이처럼 엄청난 차이다.

다음의 예는 다의어(polysemy)에 관련된 말장난이다.

공작부인	"너의 홍학의 성미를 잘 모르겠는데,
	한번 안아볼까?"
앨리스	"걔가 깨물 수도 있어요."
공작부인	"맞아, 홍학과 겨자는 둘 다 'bite'하지.
	유유상종이란 말이야."

Duchess	"… the reason is that I'm doubtful about the temper of your flamingo. Shall I try the experiment?"
Alice	"He might bite…"
Duchesse	"Very true, flamingoes and mustard both bite. And the moral of that is – 'Birds of a feather flock together'."

(AIW, pp. 79~80.)

홍학(flamingoes)은 깨물고, 겨자(mustard)는 맵기에 홍학과 겨자는 전혀 관계가 없는데, 'bite'가 '깨물다'와 '몹시 맵다'라는 두 가지 의미를 가지고 있기 때문에 홍학과 겨자는 유유상종(類類相從)이라는 엉터리 주장을 한다. 초현실주의자들마저도 어리둥절할 게 틀림없다.

5. "배중률도 모르냐?"

사고의 기본법칙이란 동일률, 모순율 그리고 배중률을 가리킨다. 동일률이란 말이나 글에서 한번 도입한 용어는 시종일관 그 의미가 동일해야 한다는 원리이다. 언뜻 보기에 뭐 이런 원리가 다 있나 싶지만, 모순율 다음으로 가장 많이 범하는 오류다. 한 과학철학자는 토머스 쿤[11]의 《과학혁명의 구조》(1962)에 나오는 '패러다임'이라는 단어가 17가지 의미를 지녔다고 지적할 정도로 동일률은 의외로 자주 범하는 오류 중 한 가지다. 그래서 토론에 앞서 용어에 대한 합의가 선행되어야 한다.

모순(矛盾)은 말 그대로 '창과 방패'인데, 어떤 방패도 뚫을 수 있는 창과, 어떤 칼도 막을 수 있는 방패이니

---

[11]   토머스 쿤(Thomas Kuhn, 1922~1996), 20세기의 가장 영향력 있는 과학사학자 겸 과학철학자. '패러다임 전환(paradigme shift)'이라는 새로운 개념으로 과학혁명을 설명하였다. 과학에서의 혁명은 지식의 축적에 의해 연속적으로 이루어지는 것이 아니라, 기존 패러다임과의 단절 즉 불연속적으로 이루어진다는 것이다.

이치에 맞지 않는 경우라는 뜻이다. 자신의 말이 자신의 다른 말과 충돌하는지 아닌지 점검하는 사람이 거의 없다니 믿기지 않지만 사실이다. 논문심사에서 가장 많이 지적되는 사항이다. 또한 세상이 시끄러운 이유 중 아마도 가장 큰 이유가 아닌가 싶다.

배중률은 모순율과 동치인데, 관점을 달리한 것뿐이다. 하나의 명제는 참이든가 거짓이든가 둘 중 하나이고 중간은 없다는 원리이다. 사고의 기본법칙을 위반하게 되면 의사소통이 불가능하기 때문에 근본적인 원리로 삼는 것이다.

기사	"이 노래를 들은 사람들은 모두 울든지 아니면…"
앨리스	"아니면요?"
기사	"그렇지 않으면 눈물을 흘리지 않는단다."

| Knight | "Everybody that hears me sing it-either it brings the tears into their eyes, or |

else…"

Alice	"Or else what?"
Knight	"Or else it doesn't, you know."

(TTLG, p.218.)

배중률을 익히 아는 기사에게는 당연시되지만 그렇지 못한 사람은 앨리스처럼 질문할 수도 있다. 앨리스가 기대하는 것은 가령 "…울든지 아니면 그 자리를 떠난단다."와 같은 대답일 것이다. 그러나 배중률이란 덫을 눈치채지 못해서 당할 수밖에 없는 처지에 빠지게 된다. 우리가 '함중률(含中律)'[12]이라고 부르는 모순을 포함하는 논리도 존재하지만, 이 문제는 이 책의 범위를 넘는 주제이다.

12 개념적 차원에서는 모순율이 필수적이다. 모순이 허용되면 의사소통은 불가능하다. 그러나 존재적 차원에서는 우리가 함중율(both p and ~p)이라고 부르는 모순 허용 논리가 가능해진다. 대표적인 예가 뫼비우스띠(안=밖)와 파르마콘(약이자 독)이다. 인간의 경우, 파스칼이 보았듯이 선과 악이 공존하지 않는가. 쿠자누스(Nocolas de Cues, 1401~1464)는 '대립자들의 일치(Coincidentia Oppositorium)'에서 대담하게 이를 주장했다.

6. 말에서도 교환법칙($a + b = b + a$)이 성립하는가?

산수의 가감승제에서 연산의 순서가 바뀌어도 결과
가 동일할 때 교환법칙이 성립한다고 한다. 덧셈과 곱
셈이 여기에 해당하고, 이런 성질을 가환성(可換性)이라
고 부른다. 아래의 에피소드는 이 가환성에 관한 설전
이다. 앨리스는 그저 편하게 말하지만 사실은 '말과 의
미'라는 매우 중요한 문제를 건드린다.

3월 토끼   "네가 생각하는 것을 말해야 돼!"

앨리스   "그럼요, 적어도 내가 말하는 것은 내가
생각한 거예요. 그러니까 둘 다 똑같은
의미잖아요."

모자장수   "조금도 그렇지 않아! 그렇게 되면
'나는 내가 먹는 것을 본다'와 '나는 내가
보는 것을 먹는다'가 같은 의미가 되는
셈이지!"

3월 토끼   "그러니까 '나는 내가 얻는 것을 좋아한
다'와 '나는 내가 좋아하는 것을 얻는다'

가 같은 의미가 되는 거란 말이야."

겨울잠쥐   "'나는 잠잘 때 숨쉰다'와 '나는 숨 쉴 때
잠잔다'가 같은 의미가 되는 것이지."

March Hare   "Then you should say what you mean,"

Alice   "I do, at least, I mean what I say-that's
the same thing, you know."

Hatter   "Not the same thing a bit! Why, you
might just as well say that 'I see what
I eat' is the same thing as 'I eat what I
see'!"

March Hare   "You might just well say that 'I like what
I get' is the same thing as 'I get what I
like'!"

Dormouse   "You might just well say that 'I breath
when I sleep' is the same thing as 'I
sleep when I breath'!"

(AIW, pp.60~61.)

언뜻 보기에 '내가 의미하는 것을 말한다.'와 '내가 말한 것을 의미한다.'는 동의문(同意文)으로 보인다. 그러나 '말한 것'과 '생각한 것'의 일치는 아주 이상적인 경우에 한할 뿐이다. 모국어를 완벽하게 구사하는 화자(speaker)는 존재하지 않을뿐더러, 말하는 사람은 그의 생각을 정확하게 표현하는 데 어려움을 겪기 때문에 듣는 사람에게 수많은 심상(mental image)을 야기하는 것이 보통의 상황이다.[13] 정리를 하면 아래와 같다.

앨리스	"I (say) what I (mean) = I (mean) what I (say)"
모자장수	"I (see) what I (eat) ≠ I (eat) what I (see)"
3월토끼	"I (like) what I (get) ≠ I (get) what I (like)"
겨울잠쥐	"I (breathe) when I sleep ≠ I (sleep) when I (breathe)"

13   정계섭, 말로 배운 지식은 왜 산지식이 못 되는가, 어문학사, 2020, p.194.

모자장수의 말은 맞다. 먹는 것을 볼 수야 있겠지만 보는 것을 모두 먹을 수는 없다. 3월토끼의 말도 맞는 말이다. 좋아한다고 다 가질 수는 없는 노릇이다. 겨울 잠쥐도 모처럼 옳은 말을 했다. 숨 쉴 때 잠만 잔다면 그게 어디 산목숨인가. '말과 의미'의 관계는 '지도와 실제 지형'의 관계로 비유할 수 있다. 지도가 모든 지형을 나타낼 수 없듯이, 말은 언제나 의미의 사각지대를 동반할 수밖에 없다. 《이상한 나라의 앨리스》의 도입부에서 앨리스가 토끼굴로 떨어지면서 비몽사몽간에 하는 독백에서도 이런 교착어법(chiasme)이 나온다.

고양이가 박쥐를 먹나?(Do cats eat Bats?)
박쥐가 고양이를 먹나?(Do Bats est Cats?)

고양이는 박쥐와 천적이 아닐뿐더러 생활환경 자체가 다르므로 서로 맞부딪칠 기회도 없다. 다만 음색(sonority)이 유사하다는 구실로 이런 얼토당토아니한 질문이 가능한 것이다.

7. '시간(Time)'은 내 친구?

"까마귀와 책상은 어떤 점에서 닮았나?"[14]와 같은 답도 없는 말장난에 싫증이 난 앨리스가 말을 시작한다.

앨리스   "답도 없는 수수께끼를 묻는 것보다
　　　　　　 무언가 좀 더 나은 일에 시간을
　　　　　　 쓰는 것이 좋지 않겠니."

모자장수   "네가 나만큼 시간에 대해 안다면 그것을
　　　　　　 낭비한다고 말할 수는 없어.
　　　　　　 시간은 그것이 아니라 그야."

앨리스   "무슨 말인지 모르겠네."

모자장수   "알 리가 없지! 너는 시간과 이야기해
　　　　　　 본 적이 없겠지."

앨리스   "그럴지도 모르지, 허나 음악 공부할 때

14   이 문제는 나중에 다시 논의될 것이다. 이 질문은 겉보기와는
　　　달리 논증(argumentation)에서 의외의 역할을 수행한다.

박자를 맞춰야 한다는 것은 알아.”

모자장수 　“내 그럴 줄 알았다니까. 그는 때리는 것
　　　　　을 참지 못할 거야.”

Alice 　　“I think you might do something better
　　　　　with the time than wasting it in asking
　　　　　riddles with no answers.”

Hatter 　　“If you knew Time as well as I do, you
　　　　　wouldn't talk about wasting it. It's
　　　　　him.”

Alice 　　“I don't know what you mean.”

Hatter 　　“Of course you don't! I dare say you
　　　　　never even spoke to Time!”

Alice 　　“Perhaps not, but I know I have to beat
　　　　　time when I learn music.”

Hatter 　　“Ah! That account for it. He won't stand
　　　　　beating.”

(AIW, p.62.)

'beat(때리다)'는 'beat time'에서는 은유적으로 '박자를 맞추다'라는 뜻인데, 모자장수는 시간을 의인화해서 사람을 때리는 것으로 해석해 대화가 엉뚱하게 삼천포로 빠지는 장면이다. 시간은 종종 운명의 신과 동일시 되는데 이 또한 시간의 의인화로 볼 수 있다.

8. 오다가 'Nobody' 본 사람 있소?

그들이 동물이나 꽃을 의인화해서 말하는 것에 사람들은 거부감을 느끼지 않는다. 그런데 도저히 의인화할 수 없는 경우에도 캐럴은 대담하게 의인화한다. 앞서 시간을 의인화한 경우도 그렇고 이번에는 '아무도(nobody)'를 의인화한다. 왕이 앨리스에게 오는 길에 누구도 보지 못했느냐고 묻자 앨리스는 이렇게 대답한다.

앨리스   "길에서 아무도 보지 못했어요."

왕   "나도 그런 눈을 가졌으면 좋을 텐데,
            '아무도'를 볼 수 있게 말이야."

Alice	"I see nobody on the road."
King	"I only wish I had such eyes.
	To be able to see Nobody!"

(TTLG, pp.198~199.)

왕은 대문자 'Nobody'로 의인화해서 'nobody'를 사람처럼 취급한다!

이번에는 왕과 그의 메신저 사이에 오가는 말이다.

왕	"혹시 길에서 만난 사람 있나?"
심부름꾼	"아무도요."
왕	"맞아. 이 숙녀도 그를 보았다는군. 물론 '아무도'는 너보다 느리게 걸을 거야."
심부름꾼	"전 최선을 다 합지요. 아무도 저보다 빨리 걷지는 못할 걸요."
왕	"그렇겠지. 그렇지 않으면 그가 먼저 도착했을 테니까."

King	"Who did you pass on the road?"
Messenger	"Nobody."
King	"Quite right, this young lady saw him too. So of course Nobody walks slower than you."
Messenger	"I do my best. I'm sure nobody walks much faster than I do!"
King	"He can't do that, or else he'd have been here first."

(TTLG, pp.201~202.)

여왕도 가세해 "그런데 이 Nobody가 왜 이리 늦지?"라고 능청을 떤다. 범주 오류를 범해도 이만저만이 아니지만 다른 한편 그 초현실적인 발상에 기가 질리는 것도 사실이다. 이 일화의 교훈은 어떤 어휘가 문장의 주어나 목적어 자리에 오는 명사로 언급된다고 해서, 그것이 실제로 대상을 지시하는 것은 아니라는 사실이다.

9. 메타이름: '이름의 이름의 이름의 … 이름의 …'

우선 논의의 대상이 되는 시의 첫 연을 소개하는 것
으로부터 시작하자.

> I'll tell thee everything I can:
> There's little to relate.
> I saw an aged aged man,
> A-sitting on a gate.
> 'Who are you, aged man?' I said,
> 'And how is it you live?'
> And his answer trickled through my head,
> Like water through a sieve.

여기에서 'an aged aged man'과 'a-sitting on a
gate'라는 가사에 주목하기 바란다. 이 시의 제목에 관
해 기사와 앨리스는 다음과 같은 대화를 나눈다.

기사	"그 노래의 이름은 '대구의 눈'이라고 불린다."
앨리스	"아, 그게 노래의 이름이군요."
기사	"아니야, 이해를 못 하는구나. 그렇게 불린다는 것이야. (진짜) 이름은 '늙고 늙은 남자'야."
앨리스	"그러면 '노래가 그렇게 불린다'고 말했어야 하는 거죠?"
기사	"아니야, 그러면 안 돼, 그건 전혀 다른 거야! 노래는 '길들과 방법들'이라고 불리지. 그건 단지 그렇게 불릴 뿐이야."
앨리스	"그럼 대체 노래는 뭐죠?"
기사	"그걸 말하려던 참이야, 노래 자체는 '문 위에 앉아 있는'이고, 작곡은 내가 했지."

Knight	"The name of the song is called 'Haddocks' Eyes'."
Alice	"Oh, that's the name of the song, is it?" Alice said, trying to feel interested.

Knight	"No, you don't understand," the Knight said, looking a little vexed. "That's what the name is called. The name really is 'The Aged Aged Man'."
Alice	"Then I ought to have said 'That's what the song is called'?" Alice corrected herself.
Knight	"No, you oughtn't: that's quite another thing! The song is called 'Ways And Means': but that's only what it's called, you know!"
Alice	"Well, what is the song then?" said Alice, who was by this time completely bewildered.
Knight	"I was coming to that," the Knight said. "The song really is 'A-sitting On A Gate': and the tune's my own invention."

(TTLG, pp.218~219.)

무엇이 문제인가? '늙고 늙은 남자'는 노래에 나오는 가사의 일부인데 이것을 '길들과 방법들: …문 위에 앉아 있는…'의 제목으로 삼았다. 이것이 헷갈리게 만드는 요인이다. 그렇게 하지 말라는 법 또한 없다는 데 문제의 소지가 있다. 이것이 바로 앨리스가 혼란해하는 이유다. 이렇게 한 단계 위의 언어를 일반적으로 메타언어라고 하는데, 여기에서는 이름에 관한 상위의 이름이어서 메타이름으로 부른 것이다. 논리적인 하자(瑕疵)는 없지만, 생산성이 있거나 흥미로운 것은 아니다. 하지만 상대방을 헷갈리게 해서 골탕 먹이는 데는 쓸모가 없지 않다. 노래 자체는 '…문 위에 앉아 있는…'이다. 이 노래의 제목을 제목-1이라고 하면,

길들과 방법들(제목-1):
…문 위에 앉아 있는…

제목-1을 포함하는 전체의 제목을 제목-2라고 하면,

늙고 늙은 남자(제목-2):
〈제목-1: … 문 위에 앉아 있는…〉

다시 이것 전체를 나타내는 제목을 제목-3이라고 하면,

대구의 눈(제목-3):
〈제목-2: 〈제목-1: … 문 위에 앉아 있는…〉〉

이런 식으로 진행되어 마지막 제목은 '대구의 눈'이
된다는 이야기다. 이것은 III.7에서 다루게 될 무한퇴
행(無限退行)의 일종이다.

II.

언어의 마술사,
험프티 덤프티[15]

험프티 덤프티 담 위에 앉아있었지.

험프티 덤프티 크게 추락했네.

모든 왕의 말로도.

모든 왕의 신하로도.

험프티를 원래대로 되돌리지 못했네.

Humpty Dumpty sat on a wall,

Humpty Dumpty had a great fall.

All the king's horses,

[15] 영국의 전래 동화 〈어미 거위(Mother Goose)〉에 나오는 노래의
주인공.

And all the king's men,

couldn't put Humpty together again.

영국의 전래 동요 모음인

〈어미 거위(Mother Goose)〉에 나오는 동요

앨리스는 달걀을 사려고 상점에 들어간다. 달걀이 선반 위에 놓여 있어 집으려고 하는 순간 상점은 점점 숲으로 변하고 앨리스는 사람 머리를 한 달걀 앞에 서 있지 않는가! 달걀은 점점 커지고 점점 더 사람의 모습을 갖춘다. 가까이에서 보니 눈과 코와 입을 갖고 있다. 다름 아닌 험프티 덤프티다.

험프티 덤프티는 사람이 된 달걀이다. 이는 마술이지 난센스는 아니다. 문제는 그가 동시에 달걀이자 사람이라는 점이다.

험프티 덤프티는 달걀이다.
험프티 덤프티는 사람이다.

험프티 덤프티와 악수하는 앨리스

이는 명백히 모순이 아닌가? 물론이다. 해결책은 모순을 배제하는 것이 아니라 허용하는 방법밖에 없다. 우리는 이런 논리를 앞에서 '함중률(含中律)'로 설명하였다.

1. 언어의 논리

개별 언어는 그 언어에 고유한 논리가 있는데, 이는 논리학의 논리와는 상당한 차이를 드러낸다.

험프티 덤프티	"너에게 질문을 하지. 네가 몇 살이라고 **말했지?**" (필자 강조)
앨리스	"(잠깐 계산하고 나서) 일곱 살하고 여섯 달이요."
험프티 덤프티	"틀렸어! (의기양양하게) 너는 그런 말을 한 적이 없어!"
앨리스	"저는 '너는 몇 살이지?'라고 묻는 줄 알았어요."

험프티 덤프티　　"내가 그럴 생각이었다면

　　　　　　　　그렇게 말했겠지."

Humpty Dumpty　"So here's a question for you.

　　　　　　　How old did you say you were?"

Alice　　　　　"(after a short calculation)

　　　　　　　Seven years and six months."

Humpty Dumpty　"Wrong! You never said a word

　　　　　　　like it!"

Alice　　　　　"I thought you meant

　　　　　　　'How old are you?'"

Humpty Dumpty　"If I'd meant that, I'd have said it."

(TTLG, p.187.)

　언어의 논리를 극단까지 추구하면 험프티 덤프티가 틀린 말을 한 건 아니다. 앨리스가 일찍이 나이에 대해 '말한 적'이 없기 때문이다. 문장에서 중요하지 않은 부분을 강조하여 집요하게 물고 늘어지는 것이 그가 가장 잘하는 재주이다. 앨리스의 잘못은 험프티 덤프티도 자신처럼 상식적인 사람일 거라고 추정한 데에 있다.

왕	"기절할 듯 싶으면 건초만 한 게 없지."
앨리스	"찬물을 끼얹는 게 더 낫지 않을까요,
	각성제 냄새를 맡든지."
왕	"더 나은 것이 없다고는 말하지 않았어.
	건초만 한 게 없다고 말했지."

King	"There's nothing like eating hay when
	you are faint."
Alice	"I should think throwing cold water over
	you would be better, or some sal-vola-
	tile."
King	"I didn't say there was nothing better,
	I said there was nothing like it."

(TTLG, p.201.)

왕은 건초보다 더 나은 것은 없다고 말한 적이 없다! 말인즉 틀린 게 없으니 앨리스는 말문이 막히고 만다. "아동은 혹사하면 안 된다."라는 규정에 대해서 험프티 덤프티는 "아동이 아니라면 혹사해도 괜찮다."고 주장하는 것이나 다름없다. 만약 누군가 그에게 '시작이 반'이라는 말을 했다고 하자. 그는 이 말을 '반이 시작'이라고 뒤집어서 "반이나 했는데 이제야 시작이라니?"라고 하면서 화를 낼 것이 틀림없다.

공산주의자들은 이런 언어 구사에 매우 능란하다. 예를 들자면, '한반도 비핵화'는 당연히 '북한 비핵화'를 의미하지만, 저들은 문자 그대로 해석하여 남한도 핵사찰을 받아야 한다고 어깃장을 놓는다. 외교문서에서 토씨 하나까지 신경 써야 할 소이가 바로 이런 말꼬투리 잡기에 휘말리지 않기 위해서다. 앨리스의 나이를 물어보자, 앨리스는 7살 6개월이라 대답한다.

험프티 덤프티   "7살 6개월이라! 참 불편한 나이로구
                 나. 네가 나에게 조언을 구했더라면
                 '7살에서 멈춰라.'라고 했을 텐데,

이젠 너무 늦었어."

앨리스   "사람이 나이를 먹는 건 어쩔 수

                없잖아요."

험프티 덤프티   "한 사람은 할 수 없을 게다.

                그러나 두 사람은 할 수 있지."

Humpty Dumpty   "Seven years and six months!" Hump-

                ty Dumpty repeated thoughtfully.

                "An uncomfortable sort of age. Now

                if you asked my advice, I'd have said

                'Leave off at seven'-but it's too late

                now."

Alice   "One can't help growing older."

Humpty Dumpty   "One can't, perhaps, but two can."

앨리스의 'can not help ~ing'는 '…하지 않을 수 없
다.'는 숙어이다. 험프티 덤프티는 그런 숙어를 싹 무
시하고 'can't'를 '불가능'의 의미로 쓴다. 그리고 앨리
스의 'one'은 대명사로서 일반적인 사람을 가리키는

데, 험프티 덤프티는 그것을 '한 사람'의 의미로 바꿔 '백지장도 맞들면 낫다.'는 속담을 남용 내지 오용하고 있다.

2. 이름(name)의 의미

고유명사의 의미는 무엇인가? 고유명사가 지시(指示) 기능만을 가지는지 그와 더불어 의미(意味)도 가지는지의 여부는 두 가지 견해가 엇갈리고 있다. 앨리스는 지시 기능만을 가진다고 믿는데 반하여 험프티 덤프티는 지시명사도 의미를 지니고 있다고 주장한다. 험프티가 이름을 묻자 앨리스는 '앨리스'라고 대답한다.

험프티 덤프티 "참 멍청한 이름이군!

그게 무슨 뜻이지?"

앨리스 "이름이 꼭 무슨 뜻을 가져야 하나요?"

험프티 덤프티 "당연하지! 내 이름은 내 생긴 모양을

가리키지. 아주 잘 생겼다는 것 말이

야. 네 이름 같으면 어떤 모양이라도

될 수 있겠다.”

Humpty Dumpty “It's a stupid name enough!⋯ What

does it mean?”

Alice “Must a name mean something?”

Humpty Dumpty “Of course it must⋯ my name means

the shape I am – and a good hand-

some shape it is, too. With a name

like yours, you might be any shape,

almost.”

(TTLG, p.186.)

험프티 덤프티는 이름에는 의미가 있다고 주장한

다. 그의 이름은 ‘사람이 된 달걀 모양의 둥근’을 나타

낸다는 것이다.[16] 그의 문제 제기는 ‘고유명사의 의미

16   우리말 이름에는 사실 의미가 전혀 없지는 않다. 한국인의 이
름은 성(姓)과 명(名)으로 구성되는데, 성을 대면 꼭 본관을 따

론'에서 다루어야 할 정도로 전문적인 수준의 문제이다.[17] 여기에서는 이 정도로 그치는 것이 무난할 것이다. 이름에 사람을 연관 짓는 것은 습관일 뿐이다. 고유명사에는 의미가 없다고 보는 것이 일반적인 상식이다.[18] 그러나 나의 이름은 곧 '나'라는 정체성으로 연결

진다. '경주김씨 몇 대 손'하면 그가 어떤 가계(家系)에 속했는지 알 수 있다. 이름은 대개 두 음절로 그중 한 음절은 항렬을 가리킨다. 구씨 집안이라면 구본수, 구본우, 구본준 등에서 '본'에 해당하는데, 가계 내에서 개인의 위치를 알려준다. 나머지 한 음절이 오롯이 개인을 나타내는 이름인데, 여기에는 작명자의 소망과 기원이 담겨 있다. 필자의 경우 '섭' 자 돌림에 '계'인데, 바로 '계수나무'의 '계'다. "푸른 하늘 은하수 하얀 쪽배에 계수나무 한 나무 토끼 한 마리"라는 동요에 나와서, 어렸을 적에 자신이 아주 특별한 존재인 줄 알았다. 김춘수 시인의 '꽃'이라는 시는 험프티 덤프티의 언어이론을 강력하게 지지한다.

17 러셀(Bertrand Russell), 프레게(G. Frefe), 크립키(S. Kripke) 등 기라성 같은 학자들이 이 문제를 다루었다.

18 신학(神學)에서는 신을 어떻게 부를 것인가에 대한 논쟁이 여전히 지속되고 있다. 이름이란 그 대상을 규정하기 때문에 인간이 어떤 이름으로 신을 명명한다는 것은 있을 수 없는 일이다. 이로부터 이른바 부정신학(negative thelogy)이 유래한다. 조지 맥도널드(G. Macdonald, 1824~1905)는 《전하지 않은 설교》(홍성사, 2020)에 나오는 '새로운 이름'이란 설교에서 "진정한 이름

될 뿐만 아니라 이름이 팔자(八字)를 고친다는 믿음이 널리 퍼져 있어서 작명소(作名所)들은 여전히 성업 중인 것으로 보인다.

3. 명사(noun)의 의미

하나의 낱말 'x'에는 경험의 총체가 들어 있다. 문제는 각자의 경험이 다르기 때문에 갑(甲)은 자신의 경험에 비추어 a라고 해석하고, 을(乙)은 b라고 해석한 다는 데에 있다. 소통이 자주 먹통이 되는 소이(所以)이다. 험프티 덤프티는 훨씬 더 멀리 간다. '영광'이라는 낱말이 '너를 논쟁에서 한 방에 보내버렸다!'라는 의미란다!

험프티 덤프티　 "생일 선물은 한 번뿐이야, 너에게는

은 그 이름을 가진 사람의 성품, 본성, 의미를 표현해준다."고 말한다.

영광이지!"

앨리스 "영광이라니 무슨 뜻인지 모르겠네요."

험프티 덤프티 "내가 설명해 주기 전까지는 당연히
모르겠지. 그건 '너를 논쟁에서
박살냈다.'는 뜻이지."

앨리스 "하지만 '영광'이 '박살내는 논증'은
아니잖아요?"

험프티 덤프티 "내가 단어를 사용할 때는 그 단어는 내
가 선택한 의미만 갖는단다. 더도 덜도
말고."

앨리스 "문제는 당신이 단어들을
그렇게도 상이한 많은 것을
의미하게 할 수 있느냐는 거죠."

험프티 덤프티 "문제는 누가 주인이냐는 거지.
그게 다야."

Humpty Dumpty "And only one for birthday presents,
you know, There's a glory for you!"

Alice "I don't know what you mean by
'glory'."

Humpty Dumpty	"Of course you don't-till I tell you. I meant 'there's a nice knock-down argument for you!'"
Alice	"But 'glory' doesn't mean 'a nice knock-down argument'."
Humpty Dumpty	"When I use a word, it means just what I choose it to mean-neither more nor less. …"
Alice	"The question is whether you can make words mean so many different things."
Humpty Dumpty	"The question is which is to be master, that's all."

(TTLG, p.190.)

앨리스가 어리둥절할 수밖에 없는 장면 중 하나다. 루이스 캐럴은 일부러 극적인 사례를 제시했다. 홈볼트[19]는 언어를 '사유의 기관'으로 본다. 언어는 단순히 의사소통의 도구가 아니라 사유를 형성하는 기관(organ)이라는 것이다. 풀어서 말하자면, 언어가 사고(思考)를 지배한다는 말이다.

이와 반대로 험프리 덤프티에 따르면, 낱말의 의미는 그 낱말을 사용하는 사람 속에 있는 것이지 낱말 그 자체 속에 있는 것이 아니다. 그는 말에 의해 사고가 지배되는 것을 원치 않는다. 이는 언어가 사유를 규정한다고 보는 훔볼트의 언어이론과 완전히 상반되는 이론이다. 이렇게 되면 어휘에 원하는 대로 새로운 의미를 줄 수 있게 되어, 화자와 낱말은 주인과 종의 관계가 되어 버린다. 사실 낱말은 그 자체만으로는 뜻이 없으며, 말을 하는 사람들이 다양한 방식으로 사용할 때 비로소 의미를 갖는다. 험프티 덤프티는 이 점을 꿰뚫고 있다. 낱말을 쓰는 사람의 의도가 곧 그 낱말의 의미다!

---

19   빌헬름 폰 훔볼트(Wilhelm von Humboldt, 1767~1835), 베를린대학 설립자. 언어학자이자 탁월한 외교관. 언어에 대한 그의 정의 "분절된 음성을 의미에 연결시키려는 정신의 영원한 노력"은 필자의 화두이다. 그의 동생 알렉산더 폰 훔볼트의 《자연의 발명》은 한 편의 서사시처럼 감동적이다.

또 다른 예로써, '불가입성(不可入性, impenetrability)[20]' 이란 단어의 의미는 '그 주제에 대해 충분히 얘기를 했고, 여기에서 너의 남은 일생을 보내지 않을 심산이라면 이제 다음에 하려고 했던 것으로 넘어가는 편이 좋을 것'이란다!

앨리스	"한 단어가 참 많은 뜻을 가지고 있네요."
험프티 덤프티	"내가 한 단어에 그렇게 많은 일을 시킬 때는, 시간 외 수당을 지급하지."
앨리스	(너무 놀라서) "어머!"
험프티 덤프티	"아, 토요일 저녁에 그들이 내 주위로 몰려오는 걸 봐야 돼! 급료를 받으려고 말이지."

'고용인과 피고용인' 관계라는 험프티 덤프티의 언

---

20   원래의 의미는 두 물체가 동시에 같은 공간을 차지할 수 없다는 당연한 이치를 뜻한다.

어이론은 초현실주의자들조차 놀라 자빠질 소리다. 이 터무니없이 보이는 이론이 사실은 우리 사회에서 실제로 매일 벌어지는 일이다. 사람들은 상대방의 말을 자기 멋대로 해석하지 않는가!

'소통'을 강조하는데도 먹통, 불통이 되는 까닭이 여기에 있다. 비평가의 경우도 마찬가지다. 하나의 작품을 두고 극찬하는 사람이 있는가 하면 혹평하는 사람도 있다. 인간은 불가피하게 자기중심적으로 사고하는 독아론자(獨我論者,solipsiste)밖에 될 수 없는 모양이다. 다른 한편, 기표(signifier)와 기의(signified) 관계가 필연적이라는 주장도 없지 않다.

공작 부인　　"의미에 신경을 쓰면 , 소리는 저절로 따
　　　　　　라올 것이다."

Duchess　　"Take care of the sense, and the sounds
　　　　　　will take of themselves."

(AIW, p.79.)

공작부인의 말은 영국속담 "Take care of the pence, and the pounds will take of themselves(푼돈을 아끼면 큰돈은 저절로 모이는 법, 티끌 모아 태산)."에서 따온 것이다. 소리와 의미의 관계가 필연적이므로, 어느 한쪽만 신경을 쓰면 나머지는 저절로 해결될 것이라는 말이다. 저명한 언어학자 벵베니스트[21]도 필연성을 주장한다. 이 문제에 대해 더 알고 싶은 독자는 《일반언어학의 여러 문제》1, 2권을 참고하시기 바란다.

마지막으로, "형용사는 유순하고 동사는 까칠하다."는 험프티 덤프티의 견해는 칭찬받아 마땅한 탁월한 견해로 보인다. 형용사는 하나의 실체에 적용되지만, 동사는 두 개의 실체, 즉 관계에 적용되기 때문에 그만큼 더 많은 제약이 가해질 수밖에 없다.

---

21 에밀 벵베니스트(Emile Benveniste, 1902~1976), 그의 《일반언어학의 여러 문제》1, 2권에서 진리를 추구하는 학자의 진정한 모습을 잘 보여준다.

4. 생일 아닌 날의 선물(un-birthday presents)

생일이란 어머니가 출산의 고통을 겪으며 아기를 세상에 내보낸 유일한(unique) 날이다. 생일은 일 년 중 단 한 번밖에 없다는 데에 의미가 있다. 이 날에 지인들의 축하와 선물을 받으면서 격조했던 사람들과 새롭게 우의를 다지는 뜻깊은 날이다. 험프티 덤프티는 이런 사회적 관행을 전복시킨다. 넥타이인지 허리띠인지 분간이 안 되는 넥타이를 험프티 덤프티는 선물로 받았다고 앨리스에게 자랑한다.

험프티 덤프티 "생일이 아닌 날 선물로 그들이
　　　　　　　　　　나에게 주었단다."

앨리스　　　"뭐라고요?"

험프티 덤프티 "나 골나지 않았어."

앨리스　　　"그게 아니라, 생일 아닌 날 선물이
　　　　　　　　　뭐예요?"

험프티 덤프티 "물론 생일이 아닌 날 주는 선물이지."

Humpty Dumpty	"…they gave it me for an un-birthday present."
Alice	"I beg your pardon?"
Humpty Dumpty	"I'm not offended."
Alice	"I mean, what is an un-birthday present?"
Humpty Dumpty	"A present given when it isn't your birthday, of course."

(TTLG, p.190.)

앨리스가 생일 선물이 제일 좋다고 하자, 험프티는 친절하게 앨리스의 이 말을 반박하는 수고를 아끼지 않는다.

365

- 1

364

생일은 일 년 중 하루뿐이니, '생일 아닌 날의 선물'을 받는 것이 더 유리함은 말할 나위가 없다. 다만 이렇게 되면 사람들이 다 지쳐 나가떨어진다.

5. 괴물, 재버워키(Jabberwocky)

재버워키는 괴물의 이름인데, 한 기사가 이 괴물을 무찌른다는 서사 구조의 시 제목이다. 여기에 나오는 단어들은 기능어(function words)[22]를 제외하고 내용어(content words)[23]는 사전에 없는 무의미한 단어들이다. 다만 영어의 음운 규칙을 준수하기 때문에 실제 쓰이는 영어의 다른 단어들과 구분하기가 쉽지 않다. 영어로 쓰인 난센스 시의 최고봉으로 평가받는다.[24]

[22] 문법적으로 올바른 문장을 만들기 위하여 쓰이는 조동사, 전치사, 접속사, 한정사, 대명사 등을 말한다.

[23] 명사, 동사, 형용사, 부사 등 내용을 담고 있는 단어들이다. 이 시에서는 루이스 캐럴이 새로 만든 합성어들이 내용어들이어서 의미 전달이 어렵다.

[24] 미국의 수학자 마틴 가드너(Martin Gardner, 1914~2010)는 재버워

내용어들은 저자의 언어적 상상력에서 나온 합성어 (compound word)들이다.

Jabberwocky

Lewis Carroll

'Twas brillig, and the slithy toves
Did gyre and gimble in the wabe;
All mimsy were the borogoves,
And the mome raths outgrabe.

"Beware the Jabberwock, my son!
The jaws that bite, the claws that catch!
Beware the Jubjub bird, and shun
The frumious Bandersnatch!"

키가 영어로 쓰인 난센스 시 중 단연 최고라고 격찬하였다. 그의 〈주석 달린 앨리스(The Annotated Alice)〉(1960)는 박학다식의 경연장을 방불케 하지만 주제로부터의 일탈이 자주 눈에 띈다.

재버워키

He took his vorpal sword in hand:

Long time the manxome foe he sought—

So rested he by the Tumtum tree,

And stood awhile in thought.

And as in uffish thought he stood,

The Jabberwock, with eyes of flame,

Came whiffling through the tulgey wood,

And burbled as it came!

One, two! One, two! And through and through

The vorpal blade went snicker-snack!

He left it dead, and with its head

He went galumphing back.

"And hast thou slain the Jabberwock?

Come to my arms, my beamish boy!

O frabjous day! Callooh! Callay!"

He chortled in his joy.

'Twas brillig, and the slithy toves

Did gyre and gimble in the wabe;

All mimsy were the borogoves,

And the mome raths outgrabe.

기대한 바는 아니었는데 마침 우리말 번역을 발견하여 인용한다. 산문의 경우에도 "번역은 반역(反逆)"이라는 말이 있듯이 번역은 어려운 작업이다. 시(詩)의 경우, 번역 불가능성을 언급하는 것은 지나친 말이 아니다. 더욱이 재버워키는 루이스 캐럴이 언어적 직관력으로 새로 만든 합성어(合成語, compound word)들로 붐비고 있다. 이 시의 번역은 '제2의 창조' 작업을 한 것으로, 그 노고를 치하할 만하다.

밥짓녁 때 미끈접 설냥이들

젖은덕 둥글게 뚫파내리고

재재새 하나같이 가녀리고

길 잃은 돈동이들 꿍얼거렸네.

"아들아, 재버워크를 조심해라!
날카로운 이빨, 할퀴채는 발톱을
꺽꺽새를 조심해라, 피하거라.
날폭하고 맹펄한 괴룡수를."

아이는 날꽉한 칼 손에 쥐고
무섬뜩 괴수 오래 찾아 해맸네.
그러다 팅팅나무 곁에 서서
한참 동안 생각에 잠겼네.

짜무락한 생각에 빠져 있는데
재버워크란 놈, 두 눈에 불을 켜고
덤침한 숲새를 슬겅슬겅 헤집으며
웅얼쩍웅얼쩍 나타나지 않았겠나.

얍 얏! 얍, 얏! 이때다 푹! 푹!
날꽉한 칼날 휙쓱휙쓱 휘날렸네.
아이는 괴수의 모가지 잘라들고
으쓱달쑥 쌩쌩 집으로 돌아왔네.

"네가 재버워크를 죽였구나.

이리 온, 내 훤슬한 아들아!

오 탄사스런 날이로다! 카화자!"

아버지는 기뻐 허허껄껄거렸네.

밥짓녁 때 미끈잽 설냥이들

젖은덕 둥글게 뚫파내리고

재재새 하나같이 가녀리고

길 잃은 돈동이들 꿍얼거렸네.[25]

이 시를 소리 내어 읽어볼 것을 권한다. 그것도 여러
번에 걸쳐서 낭송하다 보면 막연하지만 무언가 그럴듯
한 심상(mental image)이 떠오르는 것을 느끼게 될 것이
다. 우리의 주인공 앨리스의 감상을 들어보자.

아름답다고 생각하지만 이해하기는 매우 힘들어요. 이

25   《국어시간에 세계 시 읽기》(송무 기획, 전국국어교사모임 엮음), 휴머
니스트, 2012, pp.126~127.

시는 내 머릿속에 많은 생각을 떠오르게 하지만 이 생
각이 무엇인지 꼭 집어 말할 수가 없어요.

  여기에 나오는 단어들은 무의미한 단어들이지만 영
어의 음운 규칙을 잘 따르고 있기 때문에 영어의 다른
단어들과 구분이 되지 않는다. 형태소도 형태론의 규
칙을 준수해서 문제되지 않는다. 다만 그 당시 영어에
없는 단어들이라서 기표만 있고 기의가 없는 단어들인
데도, 에딩턴[26]을 위시해 당대의 저명한 시인들이 좋
아했다고 한다.
  그리고 이 시는 프랑스어, 독일어, 불가리아어, 러시
아어, 덴마크어, 폴란드어 등 60여 개 언어로 번역까지
되었다. 그처럼 사람들이 열광했다는 얘기다. 그중에
서도 현대 연극에 지대한 공헌을 한 아르토[27]의 번역

---

26 아서 스탠리 에딩턴(Arthur Stanley Eddington, 1882~1944), 영국의
천체 물리학자. 개기일식을 관찰하여 상대성이론이 맞다는 것
을 증명. 당시 독일은 영국의 적대국이었다.

27 앙토냉 아르토(Antonin Artaud, 1896~1948), 20세기 아마도 가장
영향력 있는 연극 이론가로 '잔혹연극'이라는 아이디어를 냈
다. 그가 말하는 '잔혹'이란 피투성이가 튀는 그런 의미가 아니

은 좀 특이하다.

l était Roparant, et les Vliqueux tarands

Allaient en gibroyant et en brimbulkdriquant

Jusque-là où la rourghe est à rouarghe à

ramgmbde et rangmbde à rouarghambde:

Tous les falomitards étaient les chats-huants

Et les Ghoré Uk'hatis dans le Grabugeument

이 번역이 주목받는 이유는 그가 정신병원에 있을 때의 작품이었기 때문만이 아니라 캐럴이 그의 이 시를 예상 표절(Anticipatory Plagiarism)[28]했다고 주장했기

라 인간 내면에 잠재해 있는 내보이기 싫은 본성을 무대 위에 까발려서 관객을 당혹스럽게 만드는 것을 의미한다.

28 기존 작품을 도용하는 상식적인 표절이 아니라, 아직 존재하지도 않은 작품이나 아이디어를 앞선 세대가 도용한다는 다소 황당한 개념. 자세한 논의는 피에르 바야르(Pierre Bayard, 1954 ~), 백선희 역,《예상 표절》, 여름언덕, 2010년을 참조.

때문이다. 난센스의 백미가 아닌가!

왜, 무엇 때문에 수많은 이른바 지성을 자처하는 사람들이 난센스 시(詩) 재버워키를 번역했을까?

그것은 초현실주의자들에게 더할 나위 없는 호재로써 번역을 통해 자유로움을 만끽할 수 있었기 때문이다. 놀이에 푹 빠져 정신이 없는 어린아이들처럼 말이다. 이 점을 충분히 인정하면서도 우리는 좀 다른 각도에서 보고자 한다. 인간은 유일하게 '의미'를 추구하는 동물이다. 도처에서 의미를 찾는다. 자살하는 사람은 인생의 의미를 찾지 못했기 때문에 스스로 인생에 종지부를 찍는 것이다.

사람들이 이 시를 좋아하는 이유를 우리는 파레이돌리아(pareidolia, 變像症)[29]라는 개념으로 미루어 짐작한다. 바위나 다양한 구름의 형태에서 동물이나 사람의 얼굴을 떠올리는 현상은 사람들에게 아주 자연스럽다. 어떤 관광 해설사는 이른바 코끼리바위를 지나가면서,

---

29　그리스어 '함께, 대신에'를 의미하는 'para'와, 형상을 의미하는 'eidolon'에서 유래하는데, '잘못된 연상에 의한 이미지나 인식'이라는 뜻이다.

"저기 코끼리의 코가 보이시나요?"라고 말하고, 사람들은 진지하게 호응한다. 이 시도 유사한 이유로 유명세를 타지 않았나 짐작한다. 인간의 뇌는 부족한 정보를 보충하는 능력을 지니고 있다.

또 다른 관점도 가능하다고 생각나는 것이 로르샤하 테스트[30]이다. 무작위하게 만들어진 잉크의 얼룩을 사람들에게 보여주고, 이것이 무엇으로 보이느냐고 질문해서 그 대답에 따라 성격을 파악한다. 지금도 심리 분석가들이 활용하는 검사이다.

중요한 것은 고정불변하는 의미 따위는 없다는 것이다. 여기에서 의미는 언제나 '잠복'하는 것으로 파악되어야 한다는 교훈이 숨어 있다.[31] 말도 안 되는 이 시(詩)가 사람들을 열광시키는 이유는 이 시가 상상력에

---

30 스위스의 정신의학자 헤르만 로르샤흐(Hermann Rorschach, 1884~1922)가 1921년에 개발한 피험자의 상태를 있는 그대로 반영하는 투사적 성격검사다. 종이에 아무렇게나 잉크를 흘리고 반으로 접으면 좌우 대칭의 그림이 생긴다. 이렇게 만들어진 10개의 표준화된 잉크반점 카드로 구성되어 있다.

31 정치하는 사람들이 흔히 간과해서 구설수에 휘말리는 까닭이 여기에 있다.

불을 지피는 도화선이 되기 때문이다.

　다시 괄호를 연다.

　프랑스어에 슈트룸프(Schtroumpf)라는 어휘가 있는
데, 이 단어는 모든 품사의 단어를 대체할 수 있는 권
능(?)을 누리는 범용(汎用) 메타 단어이다. 마치 방이 여
러 개인 빌딩의 마스터키와 같은 역할을 한다고 이해
하면 된다. 아래 사례들은 슈트룸프에 이어지는 접미
사는 빼고 불어 문장을 우리말로 옮긴 것이다.

　날씨가 아주 슈트룸프하네!

　술 좀 슈트룸프하게 마셔!

　얘는 왜 이리 슈트룸프하게 굴어?

　참 슈트룸프하게 생겼다.

　너, 슈트룸프했니?

　내 슈트룸프 어디 갔어?

　이런 문장들이 이해되기 위해서는 반드시 두 사람의

대화 상황이 전제되어야 한다. 그래야 의사소통이 원활하게 진행될 수 있다.

이런 현상에서 어떤 교훈을 얻을 수 있는가?

말은 다양한 의미에서 '양날의 칼'이다. 결정적으로 중요하면서도, 서로 신뢰하는 두 대화자에게 말은 그다지 중요하지 않다는 사실이다. 생각이 다르면 같은 말도 엉뚱하게도 다르게 해석한다. 그러나 생각이 같으면 슈트룸프 하나로 소통이 가능하다. 이것이 '말의 윤리'이다.

슈트룸프에 해당하는 우리말을 굳이 찾는다면 '거시기'를 들 수 있겠다. 우리말의 '거시기'는 생각이 나지 않거나 입에 담기 거북한 어떤 명사를 대체하는 대명사인데 비해서, '슈트룸프'는 모든 품사에 걸쳐 사용되는 대용어라는 큰 차이가 있다.

어찌된 영문인지 근자에 우리나라 사람들이 '부분'이라는 낱말을 자주 쓴다. TV 대담에서 아마도 빈도수가 가장 높은 단어가 아닌지 하는 의문이 들 정도다. 그러다 보니 오남용(誤濫用) 내지 듣기 거북한 사례가 자주 들린다.

"시간적인 부분이 많이 소요되거든요."

"주변에서 많이 보는 부분들(··· 물건들)"

"생물이 못 살면 사람도 못 사는 부분이기 때문에"

"코로나 때문에 어디 가서 먹기 어려운 부분이 있는

데, ···"

바둑 해설 중

"여기를 받으면 속도가 좀 늦어지는 부분이 있습니다."

"계속해서 연승을 하면 그것을 이어가는 부분이 있는데

요."

심지어 연속해서 쓰는 경우도 있다.

"그런 부분이 이해가 안 되는 부분이 있습니다."

"이런 부분에 대해서 연구를 하신 부분이 있으신가요?"

"이 사업을 시작했을 때 경제적인 부분이나 나이적인 부분

도 그렇고 해서···"

"그 부분들이 눈에 띄는 부분들이기도 하고, 어찌 보면

감춰진 부분이라고도 할 수 있어요."

여기에 나오는 모든 '**부분**'이라는 단어는 오용, 남용의 대표적 사례들이다. 그러나 이 사례는 빙산의 일각에 불과하다. 이런 범사회적 현상을 어떻게 설명해야 할까? 어휘의 부족이라기보다는 오히려 정신의 나태함이라고밖에 볼 수 없다. 올바르게 활용할 수 있는 어휘 자원은 지성의 중요한 요소라는 사실에 대한 인식의 제고가 절실하게 요청된다.

III.

어리석은 삼단논법(sillYgisme)[32], 논리적 궁지, 논리 게임

1. 거짓말쟁이의 역설(self-reference)

동물과 대화를 할 수 있다면 얼마나 좋을까! 지혜의 대명사 솔로몬 왕은 동물과 대화했다고 한다. 어린아이들이 《앨리스》를 좋아하는 이유 중 하나가 바로 말하는 동물들의 출연이다. 아이들이 인형으로 만든 동물들과 자연스럽게 그리고 다정하게 말하는 모습을 보

---

32 삼단논법은 'sillogisme'인데 , 어리석은(silly)에서 'y'를 따와 만든 조어.

는 것은 낙원을 보는 것과 흡사하다. 앨리스와 고양이
의 대화 장면이다.

고양이	"여기서는 모두가 미쳤다. 나도 미쳤고 너도 미쳤다."
앨리스	"내가 미친 걸 어떻게 알죠?"
고양이	"넌 분명히 미쳤어. 그렇지 않으면 여기 오지 않았을 테니까."
앨리스	"그럼 당신이 미친 건 어떻게 알죠?"
고양이	"그러니까 개는 화가 났을 때 으르렁거리고, 기쁠 때 꼬리를 흔들지. 나는 기쁠 때 으르렁거리고, 화가 났을 때 꼬리를 흔든단 말야. 그래서 나는 미친거야!"
Cat	"… We're all mad here. I'm mad. You're mad."
Alice	"How do you know I'm mad?"
Cat	"You must be, or you wouldn't come here."

Alice	"And how do you know that you're mad?"
Cat	"To begin with, a dog's not mad. You grant that?"
Alice	"I suppose so."
Cat	"Well, then, you see a dog growls when it's angry, and wag its tail when it's pleased. Now I growl when I'm pleased, and wag my tail when I'm angry. Therefore I'm mad."

(AIW, PP.56~57.)

모자장수, 3월 토끼, 앨리스가 모두 미쳤다고 말하는 고양이의 말이 옳다면, 고양이는 '미친 자들의 집합'보다 상위의 클래스에 있어야 한다. 그런데 고양이는 자신도 미쳤다고 한다. 즉 그도 '미친 자들의 집합'의 한 원소에 불과하다. 누가 미친 자의 말을 곧이곧대로 듣겠는가. 이는 '거짓말쟁이의 역설'의 또 다른 버전이다.

나는 지금 거짓말을 하고 있다.

만일 이 문장이 '참'이라면, 화자는 거짓말을 하고 있으니 그가 하는 말은 거짓이다. 만일 이 문장이 '거짓'이라면, 그는 그 사실을 인정한 셈이니 이 문장은 참이다! 참일 수도, 거짓일 수도 있는 이런 류의 문장을 역설(逆說)이라고 부른다. 고양이의 "나는 미쳤다."라는 말도 거짓말쟁이의 말과 마찬가지의 역설이다.

개와의 비교도 잘못이다. 불어 속담에 "l ne faut pas comparer les incomparables!(비교할 수 없는 것을 비교해서는 안 된다!)"라는 말이 있다. 개와 고양이의 행동이 같아야 할 이유가 없다! 한마디로 '범주의 오류'이다.

다른 예로, 물을 우물에서 길어 올리니까 당밀(AIW, p.66.)도 당밀 우물에서 길어 올린다는 억지와 같은 부류의 오류이다. 그런데 다른 관점에서, 모두가 미쳤다는 고양이의 말은 일말의 진실이 없지 않아 보인다. 그러나 이 문제는 전혀 다른 주제이다.

2. 논점선취의 오류(begging the question)

　흔히 사람들은 '그런가, 아닌가', '했는가, 안 했는가'를 가지고 서로 다툰다. 다음은 누가 편지를 썼는지 옥신각신하는 장면이다.

건달	"폐하, 전 그 편지를 쓰지 않았어요. 제가 썼다는 증거도 없잖아요. 끝에 서명도 없구요."
왕	"네가 서명하지 않았다면 일은 더욱 나빠질 뿐이야. 너는 나쁜 짓을 할 생각이었음이 분명해. 그렇지 않았다면, 정직한 사람과 마찬가지로 서명을 했을 거야."

Knave	"Please your Majesty, I didn't write it, and they can't prove that I did: there is no name signed at the end."
King	"If you didn't sign it, that only makes the matter worse. You must have meant

some mischief, or else you'd have

signed your name like an honest man."

(AIW, p.107.)

왕은 여기에서 억장이 무너지는 주장을 펼치고 있다. 당연히 앨리스의 항변이 이어진다. 왕은 증명해야 할 명제를 증명하지 않고 당연하다는 듯 전제로 삼는다. 이런 오류를 '선결문제 요구의 오류(先決問題 要求의 誤謬)' 또는 '논점선취(論點先取)의 오류'라고 한다. 라틴어로 'petitio principii'라고 하는데, '페티시오'는 청원(petition)을 의미하고, '프린시피이'는 시작(beginning)을 뜻한다. 시작점 즉 논점을 증명하는 대신에 가정한다는 뜻이다.

영어로는 'Begging the question'이라고 하는데, 어떤 논점을 옳은 것으로 구걸한다는 뜻이다. 이런 오류는 아주 흔한데, 어떤 믿음에 대한 과잉 확신 때문에 증명할 필요조차 없다고 단정할 때 발생하는 오류이다.

누군가 "저의 모든 경력이 준법정신과 애국심을 말

해줍니다."라고 할 경우 이런 오류를 범하는 것이다. 경력은 증명을 대신할 수 없다. 정치가들은 걸핏하면 자신의 개인적 주장을 '국민의 뜻에 따라서'라고 하는데, 이는 '국민의 뜻'을 절취(竊取)하는 행위에 다름 아니다.

3. 선문답: "까마귀와 책상은 어떤 점에서 닮았나?"

성경은 "비판을 받지 않으려거든 비판하지 말라!"고 가르친다. 이 말은 화용론적인 차원에서도 아주 유용한 교훈인데, 왜냐하면 비판받는 쪽에서 어떻게 나올지 전혀 예측할 수 없기 때문이다. 모자장수가 앨리스의 머리에 대해 먼저 시비를 건다.

모자장수　　"너, 머리 손질 좀 해야겠다."

앨리스　　　"(정색을 하고) 남의 일에 대해
　　　　　　　이러쿵저러쿵 말하는 게 아니지요.
　　　　　　　오지랖이 넓군요."

앨리스는 이에 당당히 맞서 숙녀에게 무례하다고 맞
받아치자 머쓱해진 모자장수는 궁지에 몰린다. 그러나
돌연 이렇게 방향을 튼다.

모자장수   "까마귀와 책상은 어떤 점에서 닮았나?"

그러면 왜 이런 말이 나왔을까?

논리학에서 다루는 '오류론'에서 오류는 형식적 오
류와 비형식적 오류 두 가지로 분류된다. 모자장수의
이 말은 비형식적 오류에서 취급하는 '논점일탈의 오
류'에 해당한다. 이 질문은 답이 없는 수수께끼다. 퍼
즐 천재인 샘 로이드[33]나 몇몇 유명 문인들이 답이라
고 제시한 것은 필자가 보기에 또 다른 난센스에 불과

---

33 샘 로이드(Sam Loyd, 1841~1911), 신문과 잡지에 1만 개가 넘는
    퍼즐을 연재하여 '퍼즐의 왕'이라고 불렸다. 그러나 그의 해답
    '까마귀와 책상 모두 애드거 앨런 포가 썼으니까'는 억지에 가
    깝다. 원래 답이 없는데다 캐럴 자신도 답을 모른다고 고백한
    질문이었으니까.

하다.

논리학자 루이스 캐럴은 왜 이 오류를 끌어들였을까?

우리는 이런 오류를 '국면 전환용 논점일탈'이라고 부르겠다. 앨리스가 무슨 말인지 어리둥절하는 사이에 모자장수는 곤란한 상황을 빠져나간다.[34] 러시아의 여황제 예카테리나2세[35]는 학문과 예술을 사랑해서 학자들을 자주 궁정에 초대했다.

마침 디드로[36]와 오일러[37]를 함께 초대한 자리에서

---

34 전혀 다른 맥락에서 불교의 선문답도 이와 유사한 면이 있다. "달마가 서쪽에서 온 뜻이 무엇입니까?"라는 질문에 "뜰 앞의 잣나무다."라고 답변한다. 말도 되지 않는, 이치로는 도무지 이해할 수 없는 일화를 들어 내면으로 깊이 들어가게 하는 방편이다.

35 예카테리나 2세(Екатерина II Великая, 1729~1796), 남편을 폐위시키고 황제가 된 여장부. 계몽군주를 자처하고, 에르미타주 박물관을 만들었다.

36 드니 디드로(Denis Diderot, 1713~1784), 프랑스의 유물론을 대표하는 계몽사상가. 〈백과전서〉(1751~1780) 의 편집자 겸 발행자.

37 레온하르트 오일러(Leonhard Euler, 1707~1783), 스위스의 수학자, 물리학자. 필자는 오일러의 공식에서 말로 표현할 수 없는 아름다움을 본다.

$$e^{i\pi} + 1 = 0$$

디드로는 자신의 박학다식을 구사하면서 무신론을 열심히 설파했다. 이에 싫증이 난 예카테리나는 오일러에게 이 철학자에게 한 방 먹일 방법을 주문한다. 이때 천재 수학자 오일러는 다음과 같이 말한다.

a + b/ n = x, 따라서 신은 존재합니다.
다른 의견 있으시면 말씀해주시지요!

디드로가 영문을 몰라 머뭇거리고 있는 사이에 갑자기 사람들이 폭소를 터뜨렸다. 디드로는 그 길로 귀국했다고 한다. 오일러는 무슨 일을 한 것인가? 수미일관한 유신론(有神論)을 제안했나? 아니다! 그는 다만 무의미한 기호를 나열했을 뿐이다. 그런데도 그 어떤 열변 못지않은 효과를 거둔다. '착각적 상관관계'로 상대의 얼을 빼놓은 것이다. 이런 관점에서 보자면, 모자장수의 말을 단순히 '자다가 봉창 두드리는 소리'로 받아들

여기에서 e는 자연로그의 밑이라고도 불리는 네이피어 수로 e=2.71828 18254 …로 무한소수이다. 허수와 원주율 그리고 1과 0 등 수학에서 중요한 다섯 개의 숫자가 모두 나온다.

였다면 그건 오산이다.

4. 비둘기의 모성애

앨리스의 목이 길어져서 무성한 나뭇잎들 사이로 구불구불 들어가자, 둥지에서 알을 품고 있던 비둘기는 기겁해서 "이 뱀놈아!" 소리치며 양 날개로 앨리스의 얼굴을 후려친다. 앨리스가 뱀이 아니라고 해도 통하지 않는다. 비둘기가 보기에 앨리스는 영락없는 뱀이다. 목이 뱀처럼 길어졌기 때문이다.

비둘기　　　"다음에 네가 할 말까지도 알고 있는 걸.
　　　　　　　알은 입에 대본 적도 없다고
　　　　　　　말하려고 했지?"

앨리스　　　"분명히 나는 알을 먹었어. 그러나 소녀들
　　　　　　　도 뱀처럼 알을 먹는단다, 너도 알잖아."

비둘기　　　"네 말은 믿기지가 않아. 걔네들이 알을
　　　　　　　먹는다면 뭐 뱀의 일종 아니냐."

Pigeon	"I suppose you'll be telling me next that you never tasted an egg!"
Alice	"I have tasted eggs, certainly, but little girls eat eggs quite as much as serpents do, you know."
Pigeon	"I don't believe it, but if they do, why, then they're a kind of serpent; that's all I can say."

(AIW, p.46.)

비둘기의 이 말에 앨리스는 잠시 할 말을 찾지 못한다.

달걀을 먹는 자는 뱀이다.
소녀들은 달걀을 먹는다.

소녀들은 뱀이다.

결론의 주어와 술어를 S(Subject)와 P(Predicate)라 하면, S는 소녀들의 집합, P는 뱀의 집합이다. 그리고 추론이 이루어지기 위해 두 전제에 포함된 어떤 세 번째 항목이 있어야 한다. 이 항목을 중개념(Middle term) M 이라고 하자. M의 빗금 친 부분은 공집합으로서 첫 번째 전제를 적용한 결과를 나타낸 것이고, S의 빗금 친 부분은 역시 공집합으로서 두 번째 전제를 적용한 결과이다.

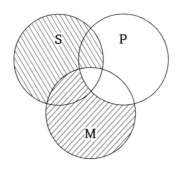

비둘기의 삼단논법을 형식적으로 나타내면 아래와 같다.

모든 A는 B이다.

C는 A이다.

C 는 B이다.

이 형식은 삼단논법을 처음 배울 때 나오는 예문이다.

모든 사람은 죽는다.

소크라테스는 사람이다.

소크라테스는 죽는다.

삼단논법을 판단하는 두 가지 기준이 있는데 타당성(validity)과 건전성(soundness)이다. 비둘기의 입장에서는 알을 먹는 자는 누구나 뱀이다. 이 추론은 타당(valid)하다. S, P, M의 교집합이 공집합이 아니기 때문이다. 타당성(validity)은 형식적인 측면에서 올바른지 그른지 검토한다.

그러나 이것이 다가 아니다. 결론으로 이끄는 전제들이 모두 참(true)인가 여부를 따지는 건전성 기준을 충족시켜야 올바른 삼단논법이다. 첫 번째 전제는 참이 아니다. 알을 먹는 동물이 모두 뱀은 아니다. 이 추론은 건전하지 않다. 결국 비둘기의 추론은 건전성에서 실패한다.

5. 몸통 없는 고양이 목 베기

머리만 있고 몸통이 없는 체셔 고양이가 못마땅한 왕은 이 고양이를 없애버리라고 왕비에게 부탁한다. 왕비는 "저 놈의 목을 베어 버려라!"라고 명령하지만 사형집행인은 난색을 표한다. 몸뚱이가 있어야 목을 자를 수 있다는 것이다. 왕은 머리가 있는데 왜 목을 베지 못하느냐며 방방 뛴다.

집행인   몸통이 없으므로 목을 칠 수 없습니다.
하트 왕   머리를 갖고 있으면 무엇이든 목을 칠 수
            있다.

둘 중에 누가 옳은가? 이런 경우 잘잘못을 가리기는 쉽지 않다. 각자의 주장은 일리가 없지 않기 때문이다. 목을 자르면 떨어져 나갈 몸통이 있어야 하는데 그게 없으니 목을 칠 수 없다는 집행인의 말에도 일리가 있고, 아무튼 머리가 있으니 목을 칠 수 있다는 하트왕의

주장도 일리가 있다. 이럴 수도 저럴 수도 없어 이 상
황은 전형적인 딜레마로 보여진다. 이런 것을 일컬어
'논리적 궁지(Aporia)'라고 한다.

6. 라팔리스의 진리(Lapalisse's truth)

너무나 뻔해서 하나 마나한 소리를 프랑스 사람들은
'라팔리스의 진리'[38]라고 한다. 예를 들어, "그는 죽기
5분 전에는 아직도 살아있었다."와 같은 하나 마나한
소리다. 그런데 이 자명한 이치가 의외로 논쟁에서 잘
활용되고 있다.

앨리스와 고양이의 대화를 들어보자.

---

38 프랑스와1세 때의 군인 자크 드 라 팔리스(Jacques de La Palice,
1470~1525)에서 유래한다. 이 사람의 묘비에 이렇게 쓰여 있다고
한다 : "Helas s'il n'etait pas mort, il ferait encore envie(아,
죽지 않았다면 그는 아직도 사람들이 부러워했을 텐데)" 그런데 후세에
'envie'를 'en vie'로 잘못 읽는 바람에 "죽지 않았다면 아직도
살아있을 텐데"가 되어 자명한 진리의 원조가 되었다.

앨리스	"여기서 나가려면 어떻게 가야 하나요?"
고양이	"네가 어데를 가느냐에 달렸지."
앨리스	"어디든 상관없어요.."
고양이	"그러면 어느 길로 가든지 상관없어."
앨리스	"어디든 도착한다면요.."
고양이	"오래 걷기만 한다면 틀림없이 거기에 도 착할 거야."

Alice	"Would you tell me, please, which way I ought to go from here?"
Cat	"That depends a good deal on where you want to get to."
Alice	"I don't much care where–"
Cat	"Then it doesn't matter which way you go."
Alice	"–so long as I get somewhere."
Cat	"Oh, you're sure to do that, if you only walk long enough."

(AIW, p.67.)

고양이의 마지막 발언, "오래 걷기만 한다면 틀림없이 거기에 도착할 거야"는 하나 마나 한 소리에 불과하다. 언어의 도사 험프티 덤프티도 이 수법을 활용한다.

앨리스	"왜 여기에 혼자 앉아계세요?"
험프티 덤프티	"왜냐구? 그야 나와 같이 있는 사람이 아무도 없기 때문이지. 내가 모를 줄 알고? 다른 질문을 해!"

Alice	"Why do you sit out here all alone?"
Humpty Dumpty	"Why, because there's nobody with me! Did you think I didn't know the answer to that? Ask another!"

(TTLG, p.186.)

이 말을 듣고 웃음이 나오지 않는다면 험프티의 유머를 제대로 이해하지 못한 것이다. 그는 "그 사람은 죽기 5분 전에는 아직 살아 있었다."와 똑같은 아무런

영양가도 없는 그러나 반박을 허용하지 않는 말을 한 것이다. 이처럼 자명한 진리도 논쟁에서 잠시 우위를 점하기 위해서는 쓸모가 없지 않다.

7. 무한 퇴행(Infinite regression)

냉수에도 순서가 있듯이 말에도 순서가 있다. 앨리스가 말을 하려고 하자 여왕이 브레이크를 건다.

앨리스   "저 죄송하지만…"

붉은 여왕   "다른 사람이 너에게 말을 걸 때나

                말을 해!"

앨리스   "하지만 모든 사람이 그 규칙에 따르면,

                그래서 말을 걸 때만 말을 하고, 서로

                먼저 말을 하기만 기다린다면, 아무도

                말을 하지 못할 거예요. 그러므로…"

붉은 여왕   "웃기네!"

Alice	"Please, would you tell me ···"
Red Queen	"Speak when you're spoken to!"
Alice	"But if everybody obeyed that rule, and if you only spoke when you are spoken to, and the other person waited for you to begin, you see nobody would ever say anything, so that ···"
Red Queen:	"Ridiculous!"

(TTLG, p.225.)

그러나 진짜 웃기는 것은 여왕이다! 앨리스의 말대로 여왕의 지시를 따르자면 아무도 말을 할 수 없게 된다.

결국 계속 침묵할 수밖에 없는 처지가 되는데, 앨리스는 바로 이 점을 반박한 것이다. 말을 하려면 누군가 먼저 말한 사람이 있어야 하고, 이 사람 역시 그에 앞서 말한 사람이 있어야 하고, 그 사람 역시 앞서 말한 사람이 있어야 하고···

앨리스는 바로 무한퇴행(regression) 논증을 구사하여 여왕을 반박한 것이다.

P를 하나의 정당화된 믿음이라고 하자. P를 정당화시키는 다른 진술을 P1이라고 하자. P1은 P를 정당화한다. 그러자면 먼저 P1을 알아야 한다. P1이 알려지려면, 이 또한 '정당화된' 믿음이어야 한다. P1을 정당화하는 진술을 P2라고 하자. P2는 P1을 정당화한다. 그러자면 먼저 P2가 참인 진술임을 알아야 한다. P2를 정당화하는 진술을 P3라고 하자. P3는 P2를 정당화한다. 그러자면 먼저 P3가 참된 진술임을 알아야 한다. P3를 정당화하는 다른 진술을 P4라고 하자. P4는 P3를 정당화한다. 그렇다면 먼저 P4를 알아야 한다. 등등

무엇이 좀 이상한가?

이상할 게 하나도 없는 것이 세상의 모든 부모들은 사랑하는 자녀들이 끊임없이 던지는 질문에 직면하고 있기 때문이다. 아이의 질문에 설명을 해주면 그 설명의 이유를 묻고, 이유를 대주면 '이유의 이유'를 묻고, 그들의 "왜?"는 그칠 줄을 모른다. 지적 호기심에 관한 한 모든 어린아이들은 챔피언이다. 그런데 성인이 되어서는 무슨 영문인지 입을 꼭 닫아버린다.

그러나 만일 여왕이 자신은 아무 때나 말할 수 있는

'여왕의 권리'를 의식하고 하는 말이라면 그건 또 별개의 문제이다.

8. 경계 문제(boundary problem)

이해를 돕기 위해 원문을 조금 변형해서 설명하는 편이 나을 듯 싶다. 능선과 계곡은 딱 잘라 '여기까지가 능선이다.', '여기서부터 계곡이다.'라고 할 수 없는 연속체다. 무지개 색깔처럼 말이다. 여왕은 이런 의미의 한계를 간파하고 앨리스를 놀린다.

앨리스   "언덕 꼭대기까지 가는 길을 찾으려
                     했는데…"

여왕   "'언덕'이라구 했니. 내가 너에게 언덕들을
                     보여주면 넌 그걸 골짜기라고 부를 거야."

앨리스   "그럴 리가요. 언덕은 골짜기가 아니지요.
                     그건 난센스에요."

여왕   "원한다면 그렇게 불러라. 하지만 이제까지

내가 들은 난센스에 비하면 이건 사전만
큼이나 정확한 말이야!"

Alice	"…I'd try and find my way to the top of the hill"
Queen	"When you say 'hill', I could show you hills, in comparison with which you'd call that a valley."
Alice	"No, I shouldn't, a hill can't be a valley, you know. That would be nonsense."
Queen	"You may call it 'nonsense' if you like, but I've heard nonsense, compared with which that would be as sensible as a dictionary!"

(TTLG, p.142.)

가여운 우리 앨리스!
철학에서 '점진성 논증(little-by-little argument)'이라

고 불리는 이 문제는 '더미의 역설'[39], '대머리 역설'[40], '테세우스의 배'[41] 세 버전으로 통한다. '데모크리토스[42]의 역설'도 유사한 문제를 제기한다. 원뿔을 밑면에 평행하게 평면으로 자른다. 원뿔은 절단된 양쪽을 합친 것이다. 이때, 서로 이웃한 두 개 절단 부분 둘레의 길이는 같은가, 다른가? 만일 같다면 그것은 원뿔이 아니라 원기둥이 될 것이다. 그러나 만일 같지 않다면 원뿔은 불연속적인 '단계'로 이루어진 셈이다.

현실적인 문제로, 임신한 여성이 교통사고를 당했을 경우 보상 문제가 뒤따른다. 임신 몇 개월부터 인간으로 보고 보험 처리를 해야 하나? 의사들은 임신 8주 이

---

39 쌀더미에서 한 알의 쌀을 빼도 역시 쌀더미다. 몇 알을 빼내야 더 이상 더미가 아닐까?

40 어떤 사람의 대머리에 머리카락 한 올을 심어도 역시 대머리다. 얼마나 심어야 대머리가 아니라고 할 수 있을까?

41 낡은 배 한 척에 부품을 차례차례 교체한다. 얼마나 교체했을 때 더 이상 낡은 배가 아닌가?

42 데모크리토스(Democritos, B.C.460?~B.C.370?), 원자(原子)로 세상 만물을 설명한 형이상학적 원자론을 주창한 그리스 사상가. 연금술이 화학의 발전에 공헌한 것 못지않게 근대 화학의 발전에 기여했다.

상을 인간으로 취급하고 그 이하는 단순 세포로 보는데, 기독교신자들은 수정된 순간부터 인간으로 생각한다. 관점에 따라 달리 볼 수도 있기 때문에 경계를 확정하는 문제는 늘 논란의 대상이다.

9. 앨리스, 왕과 여왕을 납작하게 만들다

재판은 공정해야 한다. 그런데 공정과는 거리가 먼 재판도 비일비재하다. 재판이 시작되면서 왕과 앨리스 사이에 아래와 같은 해프닝이 벌어진다.

왕	"규정 42, 키가 1마일 이상인 사람은 모두 퇴정할 것."
앨리스:	"내 키는 1마일이 아닌데요."
왕	"1마일이 맞아!"
앨리스	"아무튼 나가지 않을래요. 게다가 그 규정은 방금 왕이 멋대로 만든 거잖아요."
왕	"이 규정은 가장 오래 된 것이야."

앨리스   "그렇다면 42조가 아니라
            1조가 되어야지요."

King   "Rule Forty-two. All persons more than
            a mile high to leave court."

Alice   "I'm not a mile high,"

King   "You are,"

Alice   "Well, I sha'n't go, at any rate, besides,
            that's not a regular rule: you invented it
            just now."

King   "t's the oldest rule in the book,"

Alice   "Then it ought to be Number One,"

(AIW, p. 106.)

앨리스의 이 말에 왕은 새파랗게 질리고 말았다. 왕은 앨리스의 반박에 제대로 대응하는 순발력을 발휘하지 못했다. 나중에 "이 꼬마 녀석아, 가장 오래됐다고 꼭 1조가 되라는 법이 어디 있냐?"고 받아치지 못한 것을 후회했을지도 모른다. 재판은 계속 이어진다.

왕	"자, 이제 배심원들은 판결하시오!"
여왕	"안 돼! 선고를 먼저하고 판결은 나중에 해!"
앨리스	"말도 안 돼, 선고가 먼저라니!"
여왕	"입 닥쳐!"
엘리스	"그렇게는 못해요."
여왕	"저 아이의 목을 베라!"
앨리스	"당신 말을 들을 사람은 아무도 없어요. 고작 트럼프 카드에 불과할 뿐인데!"

정신의 자유를 그 무엇보다도 중시하는 앨리스가 아닌가. 선고를 먼저하고 판결을 나중에 하라는 말에 화가 난 앨리스는 카드들을 공중에 날려 버렸다. 그러자 카드들이 공중으로 솟구쳤다가 앨리스에게 마구 쏟아졌다. 앨리스는 겁도 나고 화도 나서 "아이!"하고 낮은 비명을 지르며 두 팔을 마구 휘젓다가 눈을 떠보니 꿈이었다. 앨리스는 언니의 무릎을 베고 잠이 들었던 것이다.

공중으로 솟구치는 카드

2부

정체성,
꿈,
실재

IV.

정체성의 문제

1. "너는 누구냐?"

한 사람의 신체는 정신과 더불어 그 사람의 정체성
을 구성하는 중요한 요소이다. 키가 들쑥날쑥 급작스
러운 변화는 앨리스에게 자아 정체성에 대한 불안감을
형성한다. 당황한 앨리스는 어제의 정상과 오늘의 비
정상을 대조한다.

"오늘은 참 이상하네! 어제는 평소와 같았는데. 내가 밤새 변했나? 잠시 생각 좀 하자. 오늘 아침에 일어났을 때는 전과 같았나? (…) 근데 내가 전과 같지 않다면, 다음 질문은 '도대체 나는 누구지?' (…) 분명 난 메이벌이 아니야, 난 많은 걸 알지만 걔는 아는 게 별로 없지. 메이벌은 메이벌이고 나는 나지. 근데 참 알 수가 없네! 자, 내가 전에 알았던 것을 여전히 알고 있는지 시험해보자."[1]

"How queer everything is today! and yesterday went on just as usual." "I wonder if I've changed in the night? Let me think: was I the same when I got up this morning? (…) But if I'm not the same, the next question is 'Who in the world am I?' Ah, that's the great puzzle! (…) I'm sure I can't be Mabel, for I know all sorts of things, and she, oh, she knows such a very little! Besides, she's

---

[1] 카프카의 《변신》이나 박지원의 〈염재기〉도 자아의 정체성에 관한 소설이다.

she, and I'm I, and-oh dear, how puzzling it all
is! I will try if I know all the things I used to
know."

(AIW, p.14.)

정체성이란 신체적 변화에서가 아니라 항상적(恒常
的)인 자신의 의식에 의해 정해진다는 철학자들의 인식
을 앨리스는 직관적으로 알아차렸다.

내가 메이벌이라면 나는 아는 것이 별로 없을 것이다.
나는 아는 것이 많다.

따라서 나는 메이벌이 아니다.

브라보! 앨리스는 논리학을 배우지 않았는데도 훌
륭하게 '후건부정(後件否定, denying the consequent)'[2]을

---

2   귀류법의 논리적 구조로서 올바른 추론 방식이다. 'if P,
     then Q'에서 후건 Q가 거짓이면 전건 P도 거짓이다. 라틴어
     'Modus Tollens'로 잘 알려져 있고, 자연과학에서 가장 많이
     활용한다. 앞에서도 나온 사례다. 또 하나의 올바른 추론방식

수행해내고 있다. 목이 턱없이 길어져 비둘기가 앨리스를 뱀이라고 할 때에도 그리 큰 상처를 받지는 않는다. 그러나 정체성에 대한 진짜 위기는 애벌레의 심문에서 절정을 이른다.

애벌레   "너는 누구냐?"

앨리스   "지금은 잘 모르겠어요. 오늘 아침 일어났을 때만 해도 내가 누군지 알고 있었는데, 그 이후로 여러 번 변했기 때문에 잘 모르겠어요."

애벌레   "그게 무슨 소리냐? 설명해봐!"

앨리스   "잘 모르겠어요. 보시다시피 나는 나 자신이 아니거든요."

Caterpillar   "Who are you?"

Alice   "I hardly know, sir, just at present, at

은 '전건긍정(Modus Ponens)'이다. 전건 P가 참이면 후건 Q도 참이다. 수학에서 주로 쓰는 추론방식이다.

	least I know who I was when I got up
	this morning, but I think I must have
	changed several times since then."
Caterpillar	"What do you mean by that, Explain
	yourself!"
Alice	"I can't explain myself, I'm afraid, sir,
	because I'm not myself, you see."

(AIW, p.37.)

비둘기의 질문(What are you?)이 사회가 규정하는 신분에 관한 질문인데 비해, 애벌레의 질문(Who are you?)은 실존적인 질문이다. 사실 앨리스가 "예, 저는 앨리스라고 합니다. 리델 학장님 둘째 딸이에요."라고 답변했다면 애벌레는 "오 그러냐, 앨리스야!"하고 그냥 넘어갈 수도 있는 장면이었다. 그런데 저자는 잔인하게도 7살 어린이에게 80살 노인도 대답할 수 없는 난제를 준 것이다. 어쩔 수 없이 앨리스는 졸지에 조숙한 철학자가 된다. 키가 9피트에서 2피트로 심지어 7cm로 변화하는 과정에서 자신의 정체를 확인하기 위해 이미 온갖 방법을 시도해보았던 터이다.

기억은 정체성을 구성하는 데 가장 중요한 요소가 된다. 바로 이 기억력이 제대로 작동하지 않자 앨리스는 전에 알았던 것들이 잘 기억나지 않는다고 실토한다. 이때 애벌레는 말한다.

"기억나지 않는 것이 뭔데?"

세상에! 기억나지 않는 것을 기억할 수 있는 사람이 있을까. 그런데 애벌레가 단순히 앨리스를 놀리기 위해서 이런 질문을 했을까?

사람들은 누구나 벽장에 해골 하나쯤은 숨겨두었다고 누군가 말한 적이 있다. 결코 잊을 수 없는 그러나 차마 기억할 수 없는, 죽을 때까지 가슴에 묻어두어야 할 비밀 하나는 갖고 있다는 말이다. 보통내기가 아닌 우리의 애벌레는 혹시 이에 대해 묻는 것인지도 모른다. 또한 이 질문은 앨리스에게 향한 질문이 아니라 애벌레 자신에게 던지는 자조적인 질문이라고 볼 수도 있겠다.

애벌래와 대화하는 앨리스

2. 왕의 꿈속에 나오는 존재

여기에서 정체성의 문제로부터 시작하여 동서고금의 사색가들을 괴롭혀 온 '실재(The Real)[3]란 무엇인가?'라는 진정한 문제가 나온다. 이 문제가 중요한 이유는 말할 것도 없이 '참(Truth)이란 무엇인가?'라는 문제와 직결되기 때문이다.

> **트위들디**   "그는 지금 꿈을 꾸고 있어.
>
> 무슨 꿈을 꾸게?"
>
> **앨리스**   "그걸 누가 알아?"
>
> **트위들덤**   "이런! 바로 너에 대한 꿈이야! (의기양양하
>
> 게) 왕이 너에 대한 꿈을 다 꾸면,
>
> 넌 어데 있지?"
>
> **앨리스**   "당연히 여기 있지."

---

3   인간과 동식물을 위시하여 세계의 사물들은 나름대로의 현실이 있다. 우리는 이를 'reality'라고 본다. 그러니까 수없이 많은 'realities'가 존재한다. 실재(The Real)란 이 모든 현실들을 아우르는 최상위의 개념이다.

트위들디	"틀렸어! (거만하게) 너는 아무 데도 없을 거야. 그저 꿈에 나오는 존재에 불과하니까!"
트위들덤	"왕이 잠에서 깨어나면, 너는 사라질 거야. 휙! 촛불처럼 꺼져버리는 거지! 네가 진짜가 아니라는 걸 너도 잘 알잖아!"
앨리스	"(울면서) 나는 진짜야!"
트위들디	"운다고 해서 네가 조금 더 진짜가 되는 건 아니야. 그러니 울 일이 아니지."
앨리스	"내가 진짜가 아니라면, 울 수도 없잖아!"
트위들덤	"뭐라구? 설마 그게 진짜 눈물이라고 생각하는 건 아니지?"

Tweedledee	"He's dreaming now, and what do you think he's dreaming about?"
Alice	"Nobody can guess that."
Tweedledum	"Why, about you! And if he left off dreaming about you, whwre do you suppose you'd be?"
Alice	"When I am now, of course."

Tweedledee	"Not you! You'd be nowhere, why, you're only a sort of thing in his dream!"
Tweedledum	"If that there king was to wake, you'd go out-bang!- just like a candle!⋯ You know very well you're not real."
Alice	"I am real!"
Tweedledee	"You won't make yourself a bit real by crying. There's nothing to cry about."
Alice	"If I wasn't real, I shouldn't be able to cry."
Tweedledum	"I hope you don't suppose those are real tears?"

(TTLG, pp.167~168.)

앨리스가 자신이 실제로 존재한다고 여기는 이유는 붉은 왕이 그렇게 꿈을 꾸고 있기 때문이라고 트위들 형제는 강변한다. 문제는 어느 누구도 트위들 형제의 말이 거짓이라는 것을 증명할 수 없다는 데에 있다.

서로 거울상인 트위들 형제

트위들 형제는 만물(萬物)이 모두 신(神)의 의식 속에서
존재한다고 주장하는 버클리⁴를 모방하고 있기 때문
이다.

3. 나는 누구인가?

기왕에 정체성의 문제를 제기했으니 이 기회에 한
번 본격적으로 성찰해보기로 하자: "나는 누구일까?",
"내가 생각하는 내가 정말 나일까?"
'내가 생각하는 나'가 진짜 내가 될 수는 없을 것 같
다. 과거와 미래에 얽매인 생각이 지어낸 좁은 자아상
이 올바를 리가 없다고 우리는 생각한다. 결국 인생은
죽을 때까지 자신의 정체성을 추구해가는 과정이다.
자아 정체성에 대해서라면 저 유명한 데카르트도 있지

---

4   조지 버클리(George Berkeley, 1685~1753), 아일랜드 출신의 철학
자, 성공회 주교. 그의 '존재하는 것은 지각된 것이다.(Esse est
percipi.)'라는 주장은 데카르트의 '나는 생각한다. 고로 나는 존
재한다.(Cogito ergo sum.)' 못지않게 철학사에서 회자되고 있다.

만 여기에서는 흄[5]부터 시작하자.

> 내가 나의 자아라고 부르는 것 내부에 깊이 몰입하면
> 할수록, 나는 열기나 냉기, 빛과 그림자, 사랑과 미움,
> 고통과 즐거움 같은 어떤 특별한 인식과 항상 마주치
> 게 된다. 내가 나의 자아를 인식했다 싶으면 언제나 어
> 떤 인식과 마주치는 것이다.
>
> 《인간 본성에 관한 논고(A Treatise of Human Nature)》, 1739.

대철학자의 글이니만큼 우리는 오랫동안 이 말에 심오한 의미가 숨어있거니 생각해왔다. 그런데 흄의 이 말은 사실은 '자아'가 무언지 모르겠다는 고백 아닌가?

칸트(E. Kant)를 '독단의 잠'에서 깨어나게 한 이 위대한 철학자의 '자아'에 대한 정의가 고작 이 정도라니 필자는 자신도 모르게 한숨이 새어 나온다.

---

5   데이비드 흄(David Hume, 1711~1776), 스코틀랜드 출신의 철학
     자. 전통적 인과율에 대해 혁신적 발상으로 칸트가 '독단의 꿈
     에서' 깨어났다고 고백할 정도인 인간학의 대가. 간단히 설명
     을 하자면, 아무리 여러 번 x가 y를 동반했다 하더라도 x를 y
     의 원인으로 볼 하등의 논리적 근거가 없다고 적시함.

우리는 이전에 양자역학의 중첩(superposition)[6] 원리
로부터 아래의 식을 유도하였다.

$$| P \rangle = \alpha_1 |생각_1 + \alpha_2 |생각_2 + \cdots + \alpha_i |생각_i + \cdots + \alpha_n |생각_n [7]$$

생각$_1$과 생각$_i$는 '할까? 말까?'처럼 서로 충돌할 수
도 있다. 그렇다면 어떤 생각을 '나'로 볼 것인가? 우리
의 결론은 헤세(H. Hesse)나 봄(D. Bohm)의 결론과 일치
한다.

"자아란 결코 동일체가 아니다. 수많은 갈래의 세계이
자, 수많은 별이 떠 있는 작은 천체이다."

H. Hesse[8]

6 어떤 물리체계가 여러 가능한 상태들을 지니고 있을 때, 이 상
태들의 합도 하나의 가능한 상태이다. 이런 체계를 상태들이
중첩되었다고 한다. $\psi = \sum_k \alpha_k \psi_k$

7 정계섭, 〈중첩, 얽힘, 그리고 결깨짐: 현대물리학의 철학적 도
전〉, 《철학사상》제24호, 서울대학교 철학사상연구소, 2007,
pp.319~361.

8 헤르만 헤세(Hermann Hesse, 1877~1962), 《데미안》(1919), 《수레

"각개 인간에게서 독립적인 실재를 보는 것은 아주 거
친 환상이다."

D.Bohm[9]

사실 내 마음은 하나의 '군중'이다. 선한 자아도 있
고 악한 자아도 있다. 용감한 자아도 있고 비겁한 자아
도 있다. 즉 변하지 않는 어떤 고유한 본성이 존재하
는 것이 아니라 그때그때 인연따라 이럴 수도 있고 저
럴 수도 있다는 것이다. 파스칼이 갈파한 대로 내 마음
은 천사와 사탄의 결투장이다. 위에 나오는 식(式)은 이
를테면 천사의 마음과 사탄의 마음 사이의 스펙트럼을
나타낸 것이다. 타인의 정체를 모르면 곤경에 처할 수
있지만 더욱 위험한 것은 자기 자신을 모르는 때이다.

바퀴 아래서》(1906), 《유리알 유희》(1946) 등으로 한국 독자들이
아마도 가장 좋아하는 외국 작가. 고(故) 김현 교수님께서 당시
(1974년) 실존적 고뇌에 빠져있던 필자에게 《유리알 유희》를 읽
으라고 권고하신 일이 생생하다.

9   데이비드 봄(David Bohm, 1917~1992), 양자물리학자이면서도 인
문사회 전반에 걸쳐 폭넓은 사유로 윤리학적 비전과 불교 철
학적 우주관을 제시한 사상가.

세상을 올바로 살려면 내가 누구인지를 알아야 한다. 나의 정체성을 제대로 아는 것이야말로 모든 인식과 행위의 출발점이 된다. 나의 가치관, 인생관, 세계관은 나의 정체성을 형성한다. 다만 이 말은 문제에 대한 해답이 아니라 문제를 다른 방식으로 변형한 것에 불과하다.

이른바 영웅호걸들이 비참한 종말을 맞이한 것은 자신이 누구인지 너무도 몰랐다는 데에서 기인하는 경우가 대부분이다. 나폴레옹도 귀양지에서 자신의 최대의 적은 자기 자신이었노라고 실토했다. 오이디푸스의 비극도 따지고 보면 오이디푸스가 자신이 누구인지 몰랐다는 데에 있지 않았는가.

그러면 이제부터 다시 괄호 열고 '나'가 무엇인지 참구해보도록 하자. 불교의 무아론을 끌어들여 논의를 쉽게 끝내려는 주장을 하는 것이 결코 아니라는 점을 분명히 해둔다.

이 '몸'이 '나'인가?

서양은 신체를 찬미하고 신격화한다. 그리스 로마의 조각상들을 보면 이 점을 알 수 있다. 자연스럽게 자아는 몸과 동일시, 나는 곧 나의 몸이다. 과연 그러한가? 만약 내가 나의 몸이라면 나는 나의 몸에 대해서 잘 알아야 한다. 그런데 나는 내 몸에 대해 거의 아는 것이 없다. 특별히 따로 공부하지 않는 이상 나는 내 신체의 메커니즘과 몸의 상태에 대해 문맹이나 다름없다. 그렇지 아니한가.

다음으로, 내 몸은 음식물이 공급되지 않으면 더 이상 존재할 수 없다. 부정할 수 없는 진실은 한강의 물이나 논의 벼, 밭의 감자, 과수원의 과일은 내 '몸 밖의 몸(身外身)'이라는 사실이다. 이 말의 의미는 '나'는 '내가 아닌 것'으로 이루어졌다는 말이다. 바다와 강, 들과 산에서 사는 온갖 동물과 식물이 없었다면 나 또한 존재할 수 없을 것이다. 그러면 내 몸은 무엇인가? 궁극적으로 인간의 몸이란 지수화풍(地水火風)이라는 결론에 도달하지 않을 수 없다. 이 말이 의미하는 바는, 우주나 자연과 분리되면 '나'는 '아무것도 아닌 존재 (nothing)'라는 말이다.

그리고 갓난아기 때의 나는 지금의 나인가? 죽었을 때는? 이상의 논의는 '나'는 고정불변하는 실체가 아니라는 점을 분명히 보여준다. 이것이 불교의 교리라고 해서 배척할 사유는 그 어디에서도 찾아 볼 수 없다.

마음이 '나'인가?

사람은 하루에 540여 가지의 생각을 한다고 한다. 우리의 마음은 잠시도 쉬지 않고 끊임없이 무언가를 생각한다. 생각은 어디에서 오는가? 보통 '나의 생각'을 자아와 동일시하는데 이는 모든 불행의 발단이 될 수도 있음을 간과해서는 안 된다. '내 생각 = 나'라면, 나는 나의 생각을 컨트롤할 수 있어야 한다. 그렇지 않은가? 알다시피 현실은 전혀 그렇지 않다. 생각이란 그때그때의 조건에 따라 나의 의지와 무관하게 그냥 떠오르기 때문이다.

윌리암 제임스[10]는 'I think'는 잘못된 표현이라는 심오한 결론에 이르게 된다. 'It rains'나 'It blows'처럼 'It thinks'라고 해야 된다는 것이다. 우리의 감각기관이 6경(六境)[11]을 만나서 생각이 일어난다. 예컨대 눈

---

10   윌리엄 제임스(William James, 1842~1910), 미국 하버드대 교수. 실용주의의 정립자로 알려진 심오한 철학자.

11   색성향미촉법(色聲香味觸法)을 말한다. 색성향미촉은 시각, 청

이 무언가를 보면 그것에 대한 인식이 생기고 호불호의 감정이 일어난다. 12세기 아베로에스[12]도 다른 말을 하지 않았다.

인간은 생각하지 않는다.
그는 생각되어진다.

이 글을 처음 접했을 때 필자는 자신도 모르게 무릎을 쳤다. '생각의 감옥'이란 말의 의미를 확연하게 이해하게 된 소중하기 이를 데 없는 계기가 된 것이다.

이상의 논의를 통하여, 몸도 마음도 '나'가 아니라는 결론에 자연스럽게 귀착하게 된다. 그러니 '자아'란 환상에 불과하다는 말이다. 머리로는 이해가 된다 하더라도 자아에 대한 신념은 워낙 뿌리가 깊어서 무아(無我)냐 진아(眞我)냐의 치열한 논쟁은 현재 진행 중이며, 아마도 인류가 지구상에 존재하는 한 이 물음은 끝까

각, 후각, 미각, 촉각 즉 인간의 다섯 가지 감각을 말한다.

12   아베로에스(Averroes, 1126~1198), '이슬람의 아리스토텔레스'로 알려진 이성주의 철학자.

지 인류의 '큰 물음(Big Question)'이 될 것이다.

이제까지 좀 딱딱한 얘기만 해서 보너스로 정체성에 관해 재미있는 전래 동화를 패러디해서 소개하고자 한다. 진정한 자아를 발견한 두더지 부부에 관한 얘기다. 월동준비를 마치고 두더지 부부가 과년한 딸 금옥(金玉)의 혼사 문제를 논의한다.

두더쥐 부인   겨울나기 준비도 마쳤으니 우리도 개나
한 마리 키울까?

두더쥐 남편   지금 한가하게 그런 얘기할 때요? 금옥이
내년에는 노처녀 소리 들을 텐데.

두더쥐 부인   아 그건 염려 놓으셔요. 내가 내일 하늘님
과 독대가 있다우. 당신도 아시다시피
내가 밤낮 지극정성으로 치성을 드렸으니
우리 부탁이라면 들어 줄껴.

두더쥐 남편   글쎄, 그처럼 존귀하신 분이 …

두더쥐 부인   아니 우리 금옥이가 뭐가 어때서? 나두
다 생각이 있다구요. 무슨 수를 써서라도
사위를 삼아야지! 설마 거절은 못하시겠지.

(하늘과 독대하는 두더쥐 부인)

두더쥐 부인　하늘님, 별고 없으셨죠, 제가 아침저녁
　　　　　　　바치는 정한수는 잘 드셨는지요.

하늘　　　　잘 들고말고, 고맙구나.

두더쥐 부인　참 우리 금옥이를 어떻게 보시나요.
　　　　　　　예뻐하시죠?

하늘　　　　내 금옥이 보는 재미로 사느니라. 참하고
　　　　　　　신심도 깊고.

두더쥐 부인　그러면 금옥이를 맡아주세요. 저희 부부
　　　　　　　가 오래 생각하고 내린 결정이에요.

하늘　　　　글쎄다. 나도 그러고 싶다만, 해와 달이
　　　　　　　없으면 나는 앙꼬 없는 찐빵 신세란다.
　　　　　　　그래도 괜찮겠니?

두더쥐 부인　남편과 의논해서 연락드리겠습니다. 그럼
　　　　　　　이만 물러갑니다.

두더쥐 남편　하늘님보다 더 높다고 해서
　　　　　　　찾아왔습니다.

해와 달　　밤낮으로 교대로 온 세상을 비춘다마는
　　　　　　　구름이 끼는 날이면 맥을 못 쓴단다.

구름	해님과 달님이 분수를 아시네. 그런데 말이야, 바람이 문제야. 바람만 불었다 하면 우린 마냥 흩어져 아무짝에도 쓸모가 없어. 걔가 나보다 높아.
바람	그러면 그렇지. 구름이 내 위력을 아는군. 근데 밭 한가운데 서 있는 돌부처는 내가 아무리 세게 나가도 안 넘어지더라.
돌부처	바람은 무섭지 않아. 그러나 두더쥐가 내 발아래를 뚫으면 난 허수아비처럼 넘어져. 두더쥐가 내 직속상관이라구!

두더쥐 부부는 비로소 참나(眞我)를 깨닫고 금옥이를 이웃 총각 두더쥐와 결혼시켰다. 《미운 오리 새끼》는 이 동화의 서양식 버전이다. 사실 '나는 누구인가?'라는 질문은 '너는 누구인가?'라는 질문에 대한 성찰이므로 모든 사람에게 적용되는 질문이다. 본회퍼[13]의

---

13 디트리히 본회퍼(Dietrich Bonhoeffer, 1906~1945), 독일의 신학자. 미국에서의 안락한 삶을 버리고 고국의 동포들과 함께 고통을

기도문은 기독교적 관점에서 우리 모두에게 공유될 수 있는 사례로 여겨진다.

짊어지기 위해 귀국하여 반나치즘 운동에 합류, 히틀러 제거 계획에 가담했다. 그는 "미친 운전자가 모는 차바퀴에 사람이 깔려 죽을 때, 성직자와 교회의 일은 희생자들의 장례만 치르는 일이어서는 안 되고 그 바퀴를 멈추어야만 한다."고 생각했다. 그러나 곧 체포되어 1945년 4월 9일 교수형이 집행되었다. 그의 나이 39세 때였다. 찬송가 〈선한 능력으로〉의 가사는 죽기 전 약혼녀에게 보낸 마지막 편지에 동봉된 시에서 따온 것으로 지금도 전 세계인에게 감동을 주고 있다. 그의 생애는 책상물림 신학이 아니라 진정한 신앙이 무엇인가를 보여주는 고난을 회피하지 않은 삶이었다. 본문에 인용된 시는 그가 자신에게 자문하는 말이다.

나는 누구인가?(Who Am I ?)

디히트리히 본회퍼

나는 누구인가?

그들은 종종 내게 말한다

내가 감방에서 나올 때의 모습은

마치 거대한 성(城)에서 나오는 성주(城主)처럼

의연하고 유쾌하며 당당했다고.

나는 누구인가?

그들은 종종 내게 말한다

내가 나를 지키는 간수들과 이야기할 때의 모습은

마치 사령관이나 되는 것처럼

자유롭고 유쾌하며 확고했다고.

나는 누구인가?

나는 사람들로부터 이런 이야기를 들어왔다.

나는 불행한 나날을 보낼 때에도

마치 승리에 익숙한 사람처럼

침착하고 웃음을 잃지 않으며 당당했다고.

정말 나는 그들이 말하는 바로 그 사람인가?

아니면 나는 내 스스로가 알고 있는 바로 그 사람에 불

과한가?

마치 새 장에 갇힌 새처럼

불안하고 갈망하며 병든 나

마치 누군가가 내 목을 조르는 것처럼

숨을 쉬기 위해 안간힘을 쓰는 나

빛깔, 꽃, 새들의 노래에 굶주리고

친절한 말과 인간적 친밀함에 목마르고

변덕스런 폭정과 아주 사소한 비방에 분노하여 치를 떨고

근심에 눌리고

결코 일어날 것 같지 않은 엄청난 사건들을 기다리고

두려움에 사로잡혀 아무것도 못하고

먼 곳에 있는 친구들을 걱정하고

지치고 허탈한 채 기도하고 생각하며 행동하고

연약하여 이런 것들 모두를 포기할 준비가 된 나

나는 누구인가?

이런 사람인가 아니면 저런 사람인가?

그렇다면 오늘은 이런 사람이고 내일은 저런 사람인가?

아니면 내 안에 그 두 사람이 동시에 존재하는가?

다른 사람들 앞에서는 대단하지만 혼자 있을 때에는 애

처롭게 우는 비열한 심약자?

이미 승리한 전투를 앞두고

혼비백산(魂飛魄散)하여 도망치는 패배한 군대,

그것과 나의 내면세계가 다를 바는 무엇이랴?

나는 누구인가? 그들은 이런 고독한 질문들로 나를 조

롱(嘲弄) 한다. 오 하나님, 내가 누구이든 당신은 나를 아

십니다. 당신이 아시듯, 나는 당신의 것입니다.

-1944년 6월 베를린 감옥에서-

마지막 구절 "오 하나님, 내가 누구이든 당신은 나를 아십니다."는 그 누구도 신(神) 이외에는 한 인간의 본질을 알 수 없다는 신앙고백이다. 체스터튼[14]은 그의 《오소독시(Orthodoxy)》에서 '당신은 무엇인가?'라는 질문에 '하나님만이 아신다!'라고 고백한다. 그는 자신이 전적으로 하느님의 것이라는 진실을 알고, 신앙인은 무엇보다도 '남을 위한 존재'여야 한다는 진리에 순한 양처럼 자신을 온전히 내맡겼다. 소크라테스의 "너 자신을 알아라!"는 주문은 무리한 주문이었던 것이다!

우리는 나중에 결론에서 하나의 고무적인 출구를 제시하고자 한다. 이제까지 자아 정체성의 문제를 논의했는데, 여기에서 다룰 주제는 아니지만, 인간관계에서 타인의 정체성에 대한 몰이해는 많은 갈등을 야기할 수 있다. 아래 글을 보면 이해가 쉬울 것이다.

---

14   길버트 키스 체스터턴(Gilbert Keith Chesterton, 1874~1936), 탐정 소설 "브라운 신부" 시리즈로 우리나라에도 잘 알려진 영국의 소설가. 이성과 신앙의 문제를 진지하게 다룬 《오소독시》에서 그는 자신이 어떻게 그리스도인이 되었는지 설명한다. C. S. 루이스의 《예기치 못한 기쁨》(홍성사, 2018)과 함께 읽을 것을 권장한다.

권커니, 그대들

고향엘랑 가지 마소

고향에선 누구도 성자일 수 없나니

개울가 옛 할머니

아직도 옛 이름만 부르누나.

- 마조 스님[15]

'너 자신을 알아라!'는 말 못지않게 상대방을 아는
것도 중요하다. 가령 어렸을 때의 친구를 몇십 년 만에
다시 만난 경우, 예전 말투를 그대로 쓴다면 사람에 따
라서 기분이 상할 수도 있다는 말이다. 다른 맥락에서
손자는 '지피지기 백전불태(知彼知己 百戰不殆)'라고 하였

---

15 마조도일(馬祖道一, 709~788), 중국 선종 제8대 조사. 조사선(祖
師禪)의 역사에서 6조 혜능 스님과 더불어 가장 중요한 역할을
한 인물. 득도를 한 뒤에 고향으로 돌아가자 사람들이 환영해
마지않았다. 그때 개울가에서 한 노파가 도일을 보고, "웬 대
단한 사람인가 했더니 키쟁이 마씨네 아들이구먼!"이라고 말
했다고 한다. 이 말을 듣고 지은 시이다. 예수도 "선지자도 고
향에서는 존경을 받지 못하느니라!"라고 하였다.

다. 이 말은 전쟁에서뿐만 아니라 인간관계에서도 통
용되는 지혜가 될 수 있다.

V.

인생은 한낱 꿈인가?

소크라테스   "자네는 사람들이 다음과 같이 질문하는
것을 들어봤을 걸세. 지금 이 순간 우리
는 잠자고 있고 우리의 모든 생각은 한낱
꿈인지, 아니면 우리는 깨어 있고 깨어
있는 상태에서 서로 대화를 나누고 있는
지 누가 묻는다면, 우리의 주장을 뒷받침
하기 위해 어떤 증거를 댈 수 있을까?"

테아이테토스 "선생님, 아닌 게 아니라 어떤 증거를 댈
수 있을지 모르겠습니다. 이 두 상태는
모든 점에서 정확하게 일치하니 말입니
다. 우리가 방금 나눈 대화를 꿈속에서
도 나눈다고 생각하지 못할 이유가 없으
니까요. 그리고 우리가 꿈 이야기를 하는
꿈을 꿀 경우 이 두 상황은 놀랍도록 비
슷합니다."[16]

꿈은 너무나 생생해서 생시와 구분이 되지 않는다.
꿈속에서 우리는 괴로워하고 심지어 울기까지 한다.
진땀을 흘리며 꿈에서 깨어나 안도한 경험이 없는 사
람이 있을까.

장자의 제물론에 나오는 호접몽(胡蝶夢)은 누구나 아
는 얘기다. 장주가 자신이 나비가 된 꿈을 꾸었는데,
꿈에서 깨어나서도 '내가 나비의 꿈을 꾼 것인지, 나비
가 내 꿈을 꾼 것인지' 헷갈렸다는 내용이다. 그러나

16   플라톤, 《플라톤전집 5》(천병희 역), 도서출판 숲, 2016, p.54.

이 우화에는 훨씬 더 진지한 의문이 숨어 있다.

동서양을 막론하고 고금의 현자들은 모두 꿈에 대해 언급하였다. 데카르트의 '꿈의 논증'은 잘 알려져 있다.

지금 내 눈 앞에 책상이 있다는 것이 참인지 거짓인지 알 수 없다. 전에 꿈속에서도 눈 앞에 난로가 있는 꿈을 꾸었지만 그것을 실제로 믿었고 그게 꿈인지 생시인지 분간할 수가 없었기 때문이다. 깨어 있는 상태와 잠들어 있는 상태를 분명하게 구분해주는 어떤 징표가 없다면, 깨어 있는 상태에서 보는 것이 실제가 아니라는 것을 어떻게 알 수 있단 말인가?

몽테뉴는 이렇게 말한다.

우리의 생각이나 행동이 또 다른 꿈일 수도 있지 않을까? 깨어있다는 것도 실은 꿈의 한 종류가 아닐까? 우리는 자면서 깨어있고, 깨어있으면서 잔다.

Pourquoi ne mettons-nous en doute si notre

penser, notre agir, n'est pas un autre songer, et
notre veiller quelque espece de dormir? Nous
veillons dormant et nous dormons veillant.

세상은 극장이며 인간은 그 무대에 출연하는 연극배
우라는 바로크적 세계관은 '인생은 꿈'이라는 명제와도
긴밀하게 연관되어 있다. 칼데론[17]의 《인생은 꿈입니
다》에서 주인공 지그문트는 이렇게 절규한다.

삶이란 무엇인가? 그것은 사기, 헛된 열광, 속임수,
꾸며낸 이야기, 그림자.
우리네 모든 인생은 한낱 꿈일 뿐. 꿈은 그저 꿈일 뿐,
현실이란 텅 빈 무(無)일 뿐이다.
인간 또한 그 허무 속으로 사라질 허깨비일 뿐.

《거울 나라의 앨리스》의 마지막 문장도 "인생은
꿈이 아니라면 무엇이란 말인가?(Life, what is but a

---

17   페드로 칼데론 데 라 바르카(Pedro Calderón de la Barca,
      1600~1681), 스페인의 극작가

dream?)"로 끝난다. 그런데 더욱 흥미로운 사실은 '꿈 속의 꿈'에 관한 주제다.

앨리스　　　"꿈을 꾼 건 나 아니면 붉은 왕이 분명해.

　　　　　　　물론 붉은 왕은 내 꿈에 나왔었어. 하지만

　　　　　　　나도 붉은 왕의 꿈에서 나왔단 말이야.

　　　　　　　도대체 그건 누가 꾼 꿈이었을까?"

에드거 앨런 포[18]도 "우리가 보는 모든 것은 꿈속의 꿈이 아닌가?(Is all that we see or seem but a dream within a dream?)"라고 절규한다. 누가 꾼 꿈일까?

　이것은 영원히 풀리지 않는 수수께끼다. 에셔[19]의

18　에드거 앨런 포(Edgar Allan Poe, 1809~1849), 19세기 가장 창의적인 작가, 추리소설의 원조. 필자는 중학생 시절 《애너벨 리》를 다 욀 정도로 열광했었다.

19　마우리츠 코르넬리스 에셔(Maurits Cornelis Escher,1898~1972), 네덜란드의 탁월한 판화가, 기하학적 원리를 응용하여 2차원 평면에 3차원을 구현하였다. 미술가보다 수학자들에게 더 많이

이 판화가 이를 증명한다. "이 세상은 절대로 꿈이 아니다. 허깨비가 아니다."라고 믿는 것은 건전하다. 그러나 깨어있는 낮 동안의 "환망공상(幻妄空想)이 또 다른 꿈이 아니고 무엇인가?"라는 질문에 어떻게 답할 것인가?

조선 후기 유학자로서 월창거사 김대현(?~1870)의 《술몽쇄언》[20]이라는 수필이 있다. 이 책에서 그는 꿈이라는 소재만으로 불교의 진수인 공(空) 사상을 설득력있게 전하는데, 핵심은 사바세계라는 꿈에서 깨어나라는 것이다. 인간은 낮에만 꿈을 꾸지 않는다. 벌건 대낮에도 꿈을 꾼다고 필자는 믿는다.[21] 다만 아직

알려진 예외적 작가. (정계섭, 〈에셔(Escher)의 세계 - 인식론적 접근〉, 《덕성여대논문집》27, 1996, pp.61~94.)

20 　述夢瑣言: 꿈을 이야기하는 자잘한 말.

21 　일상이 꿈이라고 가정하고 '꿈 수행'을 하면 적지 않은 이득을 볼 수 있을 것이다.
일상생활이 꿈이라는 사실을 하루 종일 자신에게 상기시킨다. 아침에 깨면 잠에서 깨어나는 꿈을 꾸고 있다고 생각한다. 커피를 마시면서 꿈속에서 커피를 마신다고 생각한다. 세수를 하면서 꿈속에서 세수한다고 상기시킨다. 책을 읽으면서, 밥을 먹으면서도.

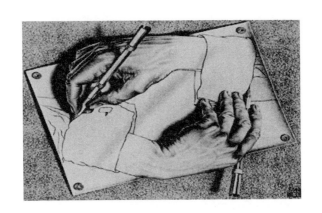

마우리츠 코르넬리스 에셔, 그리는 손, 1948.

확철대오(廓撤大悟)의 단계에 이르지 못했음을 아쉬워할 뿐이다. 적어도 꿈과 현실은 뫼비우스의 띠처럼 연결되어 있다. 이를 뒷받침하는 논증은 결코 부족하지 않다. 결국 우리는 실재의 문제와 정면으로 맞서게 되었다.

이 수행을 하면 삶을 대하는 태도에 변화가 오는 것 같다. 분노가 치밀어 오를 때, 내가 꿈속에서 화가 나 있다고 생각하면 한결 느긋해진다.

사실 처음 보는 사람을 만날 때 "이것은 꿈이다"라고 생각하면 좋은 사람, 나쁜 사람, 이상한 사람이라고 습관적으로, 조건 반사적으로 반응하던 나의 태도에 변화가 일어난다.

물론 일상적인 책임과 의무를 소홀히 해서는 안 된다. 필자는 무엇이든 속을 뒤집는 일이 생기면 그것은 한갓 꿈 내지 악몽이라고 자신에게 상기시킨다. 그러면 어느 정도 안정을 되찾을 수 있다.

뫼비우스의 띠

VI.

실재(The Real)란 무엇인가?

    '통 속의 뇌'는 1981년 퍼트넘[22]이 데카르트의 악령의 현대판 버전이다. 뇌를 따로 떼어 내서 통 속에 넣고 생명력을 유지시킨다. 그리고 외부경험을 컴퓨터로 시뮬레이션해서 뇌에 주입하면 당사자는 자신이 통 속의 뇌라는 사실을 알 수 없다. 그렇다면 외부세계에 대한 모든 믿음이 모조리 가짜라는 가능성을 배제할 수

---

[22]   힐러리 퍼트넘(Hilary Putnam, 1926~2016), 현시대 미국을 대표하는 철학자.

없게 된다. 영화 〈매트릭스〉[23]는 루이스 캐럴에 대한 일종의 오마주 영화로 볼 수 있다. 이 영화에서 모피어스는 네오에게 이렇게 말한다.

아마 이상한 나라의 앨리스 같은 느낌이 들거야. 토끼
굴 아래로 떨어지는 앨리스 말이야. (…) 파란 약을 먹
으면, 이야기는 여기서 끝나지. 그때는 자네가 믿고 싶
은 것만 믿으면 돼. 빨간 약을 먹으면 자네는 이상한
나라에 남게 되고, 나는 토끼굴이 얼마나 깊은지 자네
에게 보여 줄 거야.

이 영화의 주제 역시 우리가 사는 세계는 컴퓨터 조작이라는 것이다. 시뮬레이션 안에 거주하는 사람들은 자신이 그 속에 살고 있다는 사실을 알아차리지 못한다. 인류는 과연 가상현실 속에 갇혀 살고 있는가? 영국 옥스퍼드대학의 닉 보스트롬[24] 교수는 "이 세상

---

23 호접몽의 현대판 버전이다. 내가 진실이라고 믿는 현실이 실
은 조작된 것이라는 상상은 섬뜩하기 이를 데 없다.

24 닉 보스트롬(Niklas Boström, 1973~), 인공지능과 기술적 특이점

은 초지능(superintelligence) 외계인들이 설계한 컴퓨터 시뮬레이션이다."라는 가설을 제창했다. 그는 이것을 '디지털 감옥'이라 부르는데, 이른바 현실이란 뇌 속에서 해석된 전기신호에 불과할 뿐이라는 것이다. 우리가 보고, 듣고, 냄새 맡고, 맛보고, 촉감을 느끼는 것이 사실은 '통 속의 뇌'에 컴퓨터가 자극을 가한 결과라고 믿지 않을 이유가 어디에 있는가?

다른 말로 하자면 이 세상은 장대한 하나의 꿈이거나 환상이라는 것이다. 이 세상이 한바탕 꿈의 소동이라고 보는 견해는 앞 장에서 검토한 바와 같이 그 역사가 아주 길다. 그 원조는 플라톤의 '동굴의 비유'이다. 동굴에 갇혀 사는 사람들의 몸이 결박되어 고개를 돌릴 수 없고 벽밖에 볼 수 없다. 그래서 사물의 원래 모습을 볼 수 없고 오직 투영된 사물의 그림자만 볼 수 있다. 요컨대 실체를 보지 못하고 실체의 그림자만 본다는 것이다. 이와 같이 내면적으로도 우리가 매트릭스에 묶여

(singularity point: 인공지능이 인간의 지능을 앞서는 시점)의 전문가. 닉 보스트롬, 《슈퍼 인텔리전스 - 경로, 위험, 전략》, 조성진 옮김, 까치, 2017.

있다는 증거는 얼마든지 있다.

아래 표는 데이비드 호킨스[25]의《의식 혁명》에 나오는 '의식지도'이다. 의식수준 150인 사람의 '실재'는 의식수준 500인 사람의 '실재'와 전혀 다른 세계에 살고 있다. 의식수준 200이 선악의 임계수준이 되는데, 세계 인구의 15%만이 200 이상이고 나머지 85%는 200 이하이다. 그러나 그 15%의 긍정적 에너지가 85%의 부정적 에너지를 상쇄하는 힘이 있다.

우리가 실재의 문제에 관심을 갖는 이유는, 이 문제가 궁극적으로 '진리'의 문제에 직결되기 때문이다. 의식지도를 불교 버전에서 보자면 삼종세간(三種世間)으로 비유할 수 있겠다. 여기에서 '세(世)'는 시간, '간(間)'은 공간을 의미하며, '세간'은 세상이라는 말이다.

삼종세간은 기세간(器世間), 중생세간(衆生世間), 지정각세간(智正覺世間)이다. 짧게 설명하자면, 기세간은 산하대지 등의 물질세계이고, 중생세간은 인간을 위시한 모든 생명계를 말하고, 지정각세간은 지혜로 바라보는

---

25 데이비드 호킨스(David Hawkins, 1927~2012), 미국의 정신과 의사로서 탁월한 영적 지도자.

대수(Level)	의식수준	감정	과정	신의 관점	속의 관점
700-1000	깨달음	언어 이전	순수의식	자아	존재
600	평화	축복	자각	항상 존재하는	완전한
540	기쁨	고요함	거룩함	하나	전부 갖춘
500	사랑	존경	계시	사랑	자비로운
400	이성	이해	추상	현명함	의미 있는
350	포용	용서	초월	인정 많은	화목한
310	자발성	낙관	의향	감화 주는	희망이 찬
250	중용	신뢰	해방	능력이 있는	만족한
200	용기	긍정	힘을 주는	용납하는	가능한
175	자존심	경멸	과장	무관심한	요구가 많은
150	분노	미움	공격	복수에 찬	적대의
125	욕망	갈망	구속	부정하는	실망하는
100	두려움	근심	물러남	징벌의	무서운
75	슬픔	후회	낙담	경멸의	비극의
50	무기력	절망	포기	비난하는	절망의
30	죄의식	비난	파괴	원한을 품음	사악한
20	수치심	굴욕	제거	멸시하는	비참한

POWER ↑ FORCE ↓ (좌측)

전체의식 ↑ 발전과정 / 개인의식 ↓ (우측)

데이비드 호킨스의 의식지도

세계이다. 중생세간이 보는 세계와 지정각세간이 보는
세계는 하늘과 땅만큼의 차이가 날 것이다.

가상세계와 현실세계의 구별가능성 문제는 인간이
이제까지 믿어온 존재론적 기반을 송두리째 무너뜨릴
수 있는 공포스러운 문제다. 예전의 꿈이 이제는 컴퓨
터 시뮬레이션으로 바뀌었을 뿐 문제의 핵심은 그대
로다.

친숙하고 안락했던 세상의 껍질이 어느 날 갑자기 벗
겨지고 전혀 다른 얼굴을 드러낼 때 우리는 악몽을 꾼
다고 말한다.[26] 이제까지 꿈과 컴퓨터 조작의 관점에서

---

26   - 할아버지가 손자를 차 안에 두고 깜빡하고 업무를 처리하고
     와보니…
     - 세 살난 손녀가 할머니와 엘리베이터를 타다가 할머니가 동
     작이 느려 못 타고 혼자서 애타게 문을 두드리다 8층에 멈춰
     내렸다가 난간에서 추락사
     - 프랑스 끌레르몽훼랑(Clelmoonferrand) 4살난 딸과 공원에 갔
     다 잔디밭에서 잠깐 조는 사이 아이가 납치됨
     - 음주 운전 차량이 맥도날드 상점에 돌진, 6살난 소년 죽음
     - 시모니데스, 초대 손님들과 저녁 만찬을 즐기다 잠깐 화장실
     에 간 사이 지진으로 모두 매몰
     - 셀카 찍다 추락사(2020. 12. 14.) 호주 그램피언 국립공원 보로
     카 전망대 38세 여성 조지 롬바가 남편과 두 자녀가 목격하
     는 가운데…

실재란 무엇인가라는 문제를 간략하게 살펴보았다.

마지막으로 잠시 뇌과학의 측면에서 이 문제를 검토하고자 한다. 우리는 산이나 강이 존재하고 우리가 직접 산이나 강을 보면서 살아간다고 확신한다. 그러나 알고 보면 우리는 정작 그 실체를 보는 것이 아니라 산이나 강에 대한 나의 마음속의 이미지 즉 심상(mental image)을 보는 것이다. 이에 대한 증명은 어렵지 않다. 내가 세 살 꼬마였을 때 보았던 산, 청장년이 되어 보는 산, 노인이 되어 보는 산은 모두 다르다.[27] 더구나 다른 사람이 보는 산은 내가 보는 산과 같을 수가 없다. 그렇지 아니한가.

산과 강은 밖에 있는 것 같지만 사실은 나의 머릿속에 있는 것이다. 그래서 산하대지가 모두 내 마음의 투사라는 말이 성립한다. 산은 외부세계에 있는 것이 아니라 사실은 나의 두뇌 속에 있다. 이것이 바로 '일체

이 글을 쓰는 사람은 어떻게 이런 일이 벌어지는지 이해하지 못한다. 현실은 초현실과 나란히 공존한다는 상념을 금할 수 없다.

[27] '물자체(Ding an sich)'는 '알 수 없다'는 칸트의 말과 어떤 연관성이 있다.

유심조'의 교훈이다. 이것은 낡은 레코드의 반복음이 아니라 모든 창조성의 열쇠일지도 모른다. 결론적으로, '실재란 무엇인가?'라는 질문은 '나는 누구인가?'라는 의문과 동격이다. 여기까지가 우리가 도달한 지점이다.

3부

《앨리스》의
이삭줍기

VII.

초현실주의 선구자,
루이스 캐럴

    '초현실주의'라는 용어는 프랑스의 시인 기욤 아
폴리네르[1]가 자신의 회곡 〈티레시아스의 유방(Les
Mamelles de Tirésias)〉에서 부제로 '초현실주의 연극'이
라고 이름 붙여 처음 사용했고, 나중에 앙드레 브르통[2]

---

1   기욤 아폴리네르(Guillaume Apollinaire, 1880~1918), 초현실주의
    를 주도한 프랑스 시인.

2   앙드레 브르통(André Breton, 1896~1966), 《초현실주의 선언》

이 이 용어를 대중화했다.

초현실주의는 어떤 주의(-ism)가 아니라 작품활동을 통해 실재에 대한 새로운 관점을 획득하여 새로운 실재를 창조하려고 한다. 이를 위해 그들은 무의식에서 인식을 확장할 수 있는 단서를 발견하고 무의식의 영역인 꿈에서 무한한 상상력의 가능성을 본 것이다.

《앨리스》는 영국에서는 어린이들을 위한 동화로 받아들여지는데 비해 프랑스에서는 오히려 소수의 성인 독자들이 열광했다. 그 이유는 어렵지 않게 이해할 수 있으니, 그들은 바로 초현실주의의 창시자들이었다.

그들은 인간의 내면 가장 깊숙한 곳에 감추어진 무의식, 꿈, 광기를 영감의 보물창고로 보고, 이성의 검열과 관습의 질곡에서 벗어난 이 처녀림을 개발하여 일상적으로 보고 생각하는 방식을 마구 휘저어 놓는다. 이들의 목표는 대중을 즐겁게 하려는 게 아니라, 사회적 통념과 종래의 사고방식을 뒤집어엎자는 데 있다.

(1924)으로 대중에게 널리 알려졌다. 논리의 통제 없는 상상력을 구가하고, 언어의 잠재력으로 인간과 세계를 개혁할 수 있다고 믿었다.

한마디로 실재의 영역을 확장하자는 것이다.

초현실주의는 꿈의 세계와 뗄 수 없는 관계이므로 터무니없는 사건도 그럴듯해 보이고, 현실의 온갖 제약은 사라지고, 비판정신은 자리를 비운다. 루이스 캐럴의 두 작품이 모두 꿈속에서 일어난 에피소드라는 점을 감안하면 초현실주의를 주도한 앙드레 브르통 자신이 왜 루이스 캐럴을 초현실주의 개척자로 인정했는지 금방 이해할 수 있을 것이다. 이제부터 초현실주의에 직접 영향을 준 몇몇 장면들을 들여다보도록 하자.

1. 발(足)에게 보내는 편지

앨리스의 키가 말도 안 되게 커져서 발이 까마득하게 잘 보이지도 않자 앨리스는 이렇게 중얼거린다.

잘 가, 내 발들아! (…) 불쌍한 내 발들, 앞으로는 누가 너희들에게 양말이며 신발을 신겨주겠니? 나는 이제 너희들과 너무 멀어져버렸어. 그러니까 너희들이 알아서 해야만 해. 하지만 그래도 너희들에게 친절하게는 굴어야 되겠지. (…) 그렇지 않으면 내 발들이 내가 가자는 대로 가려고 하지 않을지도 몰라. 그래, 크리스마스 때마다 새 신발을 선물하자. (…) 자기 발에게 선물을 보내다니 정말 웃겨! 주소는 또 얼마나 이상해!

난로 울 앞

깔개 위에 계시는

앨리스의 오른 발 귀하

(마음을 담아서 앨리스가)

"Good-bye, feet! (…) Oh, my poor litte feet, I wonder who will put on your shoes and stockings for you now, dears? (…) you must manage the best way you can- but I must be kind to them (…) or perhaps they won't walk the way I want to go! Let me see, I'll give them a new pair of boots every Christmas. (…) How funny it'll seem, sending presents to one's own feet! And how odd the directions will look!

Alice's Right Foot, Esq.

Hearthrug,

near the Fender,

(with Alice's love)."

(AIW, pp.11~12.)

세상에! 동물을 아니 꽃을 의인화하는 것은 하나도 이상할 것이 없다. 그런데 자신의 신체의 일부를 의인화하다니! 정신분석가 중에 이 상황을 '신체절단 증후군(apotemnophilia)'[3]에 결부시키는 학자가 있는 모양인데 비웃음을 살 만하지 않을는지 염려스럽다.

3   멀쩡한 팔다리를 잘라달라고 하는 사례가 실제로 있다고 한다.

2. 눈물웅덩이(pool of tears)

신체의 급격한 변화에 망연자실한 앨리스는 몇백 리터의 눈물을 흘린다. 과장의 대가 중국의 '백발삼천장(白髮三千丈)'에 맞먹는 역대급 상상이다. 눈물 웅덩이가 양수를 의미한다고 해석하는 학자도 있지만, 이는 정신분석학의 오용 내지 남용이다.[4]

---

4   '반증가능성'이라는 관문을 통과하지 못하기 때문에, 칼 포퍼 (Karl Popper, 1902~1994, 20세기 가장 탁월한 과학철학자 중 한 사람으로 꼽힌다.)는 정신분석학을 과학으로 인정하지 않았다. 이 문제에 대해 더 알고 싶은 독자는 칼 포퍼, 《열린사회와 그 적들I》, 이한구 옮김, 민음사, 2006. 참고.

눈물의 늪에서 빠져나오는 생쥐와 앨리스

3. 희한(稀罕)한 크로케 경기

앨리스와 여왕이 크로케 놀이[5]를 하는데, 경기장이
온통 울퉁불퉁한 데다가 나무망치는 살아있는 홍학이
고, 공은 살아있는 고슴도치다. 이것만으로는 부족하
다는 듯 골대는 병사들이 몸을 굽혀 손과 발로 땅을 짚
고 만들었다.

홍학은 자꾸 달아나려 하고 겨우 잡아 겨드랑이에
끼고 긴 목을 펴서 공 역할을 하는 고슴도치를 치려고
하면, 고개를 돌려 앨리스의 얼굴을 빤히 바라본다.
겨우 목을 되돌려 놓으면 고슴도치는 이미 도망가 버
렸다.

'정의'나 '국민의 뜻' 등의 개념을 구체적으로 존재하
는 사물처럼 취급하는 것을 사물화(reification)라고 한
다. 여기에서는 살아있는 생물을 물화(物化)한다. 매우
파격적인 발상이다.

이런 장면들은 하나같이 초현실주의자들을 열광하

---

5   나무망치와 나무공을 가지고 야외에서 하는 구기 놀이. 게이
     트볼의 원형.

홍학과 고슴도치로 하는 크로케

게 만들었다. 앞으로 보게 되겠지만 이들은 논리나 이성에 의한 통제를 조롱 내지 거부한다. 또한 미학적, 도덕적 선입견에서 벗어나 전혀 낯선 세계를 창조한다는 자부심으로 작품 활동에 임하였다.

4. 끝날 줄 모르는 티 파티

시간이란 무엇인가?

학문의 아버지 아리스토텔레스는 "시간은 변화의 척도다. 아무런 사건도 없으면 시간은 흐르지 않는다."고 말한다. 이에 반해 뉴턴은 "아무 변화가 없어도 시간은 흐른다. 절대적 시간이 존재한다."라고 말한다. 여기에서 '절대 시간'이란 우주 전체에서 누구에게나 균일하게 측정되는 시간인데, 주지하다시피 아인슈타인은 그런 시간은 없고 시간은 상대적이라고 한다.

인간이 시간에 관심을 갖지 않을 수 없는 것은 필멸의 존재이기 때문이다. 그래서 직관적으로 와닿는 늙어가는 것이 바로 시간의 흐름이라고 생각하는 것이다. 그런데 사람의 늙는 속도는 일정하지 않은 것 같다.

끝날 줄 모르는 티 파티

아무튼 시간은 자연의 메커니즘을 이해하는 데 필수적인 개념이다. 광속에 가까운 속도로 움직이는 물체에서 시간은 느리게 간다. 그런데 광속이 아니더라도 시간이 느리게 가는 것은 고사하고 아예 멈추어 버리는 나라가 《이상한 나라의 앨리스》이다.

이 나라에서는 어디에서나 균일하게 흐르는 뉴턴적 시간은 없다. 모자장수의 시계는 시간을 가리키지 않고 그 달의 날짜만 가리킨다. 게다가 이틀 늦게 간다. 사실 시계가 하루 늦게 가거나 열흘 늦게 간다고 해서 문제될 것은 없다. 시간과는 무관하기 때문이다.

추상명사 중에도 가장 난해한 시간을 의인화하다니 이는 꿈에서도 있을 수 없는 일이다. 동물이나 꽃을 의인화하는 것은 자연스러워 보인다. 여기에서는 시간이 의인화되어 사람처럼 취급되고 친구도 될 수 있다. 시간은 강물처럼 흐르고, 세월은 화살처럼 빠르다고 한다. 그런데 미친 모자장수와 3월 토끼는 '차 마시는 시간'인 6시에 붙들려 있다. 시간이 멈추어버린 것이다. 시계가 아니라 진짜 시간이!

모자장수는 시간과 잘 사귀기만 하면 마음대로 느

리게 가거나 빨리 가게 할 수 있다고 주장한다.[6] 9시에 수업이 시작인데 공부하기 싫으면 시간에게 부탁해서 즉각 오후 한시 반을 가리키게 할 수 있단다!

시간의 정지는 사실 우리도 자주는 아니지만 가끔 겪을 수 있는 경험이다. 고승들이 참선 중 체험하는 무시간증(無時間症)[7]은 차치하더라도, 보통사람도 시간이 완전히 멎는 느낌을 가질 때가 종종 발생한다. 가령 당신이 사모해 마지않는 여인을 바라볼 때 시간은 멈추지 않던가?

과학적인 관점에서 보자면, 모자장수의 말은 순 엉터리다. 만약 정말로 시간이 정지한다면 광자(光子)의 흐름 즉 빛도 멈출 것이다. 무언가를 보려면 빛이 시신경을 자극해야 하는데 시간이 멈추어 빛이 시신경에 닿을 수 없으니 암흑천지가 될 것이다. 또한 음파 즉 소리도 귀에 도달할 수 없으니 대화도 불가능할 것이다.

---

6   이 말이 사실이라면 지구 자전이 감속화되거나 가속화되어야 하는데, 이는 불가능하다.

7   큰스님들에게서 "10여 분 지났는 줄 알았는데 시계를 보니 8시간도 넘게 지났더라."라는 증언을 듣는 것은 드문 일이 아니다. 우리는 잠정적으로 이를 '무시간증'으로 보고자 한다.

시간론에 관한 가장 위대한 사상가 아우구스티누스[8]는 시간을 시계로 잴 수 있는 '물리적 시간'과 마음으로 잴 수 있는 '마음의 시간'으로 구분하였다. 이 마음의 시간에 의하면, 과거는 '기억'으로 현재 안에 있고, 미래는 '기대'로 역시 현재 안에 있다. 모자장수의 시간은 바로 그의 마음이 사는 시간이다.

5. 험프티 덤프티의 한마디

좀 괴상한 사람-달걀이지만, 뻘쭘한 채로 헤어질 수는 없어서 앨리스는 험프티 덤프티에게 공손하게 예의를 갖춘다.

앨리스   "안녕, 다시 만나요!"

---

8   아우렐리우스 아우구스티누스(Aurelius Augustinus, AD354~AD430), 초기 기독교 교리 외 위대한 사상가로서 가톨릭 교리에 이론적인 기초를 제공하였다. 《고백록》의 저자.

기차 안의 앨리스, 역무원이 망원경으로 앨리스를 관찰

흔들목마파리

험프티 덤프티 "다시 만난다면 너를 알아보지 못할 거야.
            넌 다른 사람들하고 똑같이 생겼거든."
앨리스   "대체로 얼굴을 보면 알죠."
험프티 덤프티 "그게 내가 불만인 거야. 얼굴이 다른 사
            람하고 똑같잖아. 눈이 두 개고, 코가 중
            앙에 있고, 입이 그 아래 있지. 항상 그
            래. 만일 코 바로 옆에 눈이 있다거나, 입
            이 맨 위에 있다거나 하면 좀 다르겠지."
앨리스   "보기에 좋지는 않을 거예요."
험프티 덤프티 "한번 해보고 나서 말해!"[9]

여기에서 험프티 덤프티가 "…코 바로 옆에 눈이 있
다거나 입이 맨 위에 있다거나…"라고 한 말은 초현실
주의 화가들에게 영감을 준 결정적 한마디라고 우리는
생각한다. 테니얼이 그린 삽화들은 하나같이 상상력을
자극한다.

한번 봇물이 터지면, 닭의 머리를 가진 고양이, 아름

---

[9]   고 정주영 회장이 "해봤어?"라고 말한 일화가 있다.

다운 유방을 가진 상반신에 물고기 꼬리를 가진 여자,
남자의 상반신을 지닌 사자 등 그야말로 거칠 것이 없
는 연금술의 세상이 펼쳐진다.

6. 초현실주의 작가, 화가 스케치

초현실주의는 무의식의 세계를 탐구하기 위한 '자동
기술(automatic description)'을 제안했는데, 이는 프로이
트(1856~1939)가 환자를 치유하는 데 사용했던 '자유연
상법(free association)'에서 유래한다. 앙드레 브르통은
《초현실주의 선언》에서 "이성에 의한 일체의 통제 없
이, 또는 미학적, 윤리적인 일체의 선입견 없이 행하는
사고의 진실을 기록하는 것"을 목표로 한다고 명시한
다. 루이스 캐럴의 두 작품이 꿈의 세계라는 사실은 이
들에게 강력한 원군이 된다.

초현실주의 시인 로트레아몽(Lautreamont, 1846~1870)
은 《말도로르의 노래》에는 "해부대 위에서 재봉틀과
우산의 우연한 상봉같이 아름다운"이라는 구절이 나
오는데 미친 모자장수의 "까마귀와 책상은 어떤 점에

서 닮았나?"와 일맥상통한다.

독일 출신의 초현실주의 대표적인 화가 막스 에른스트[10]로부터 시작해보자. 그의 수많은 작품 중에서 하나를 선택하기는 쉽지 않았지만, 필자는 초현실주의 정신을 유감없이 보여준다고 여겨지는 옆의 그림을 선택했다. 신앙심이 깊은 사람이 보기에는 한마디로 신성모독이다. 아기예수는 평범한 아이들과는 달라서 으젓하고 부모 속을 썩일 일이 전혀 없을 터인데 어떤 말썽을 부렸기에 저렇게 맞고 있을까? 성모 마리아는 우아하고 품위 있는 여인일진대 어쩌자고 손을 있는 대로 치켜들고 사정없이 아이의 엉덩이를 때리는가?

이 그림은 통념을 뒤집는 초현실주의 정신을 웅변적

10   막스 에른스트(Max Ernest, 1891~1976), 우연이 만들어 낸 형태를
      추구하기 위해 여러 기법을 고안했다.
      - 프로타주: 프랑스어 'frotter(문지르다)'의 명사형. 캔버스나 종이를 나무나 다른 물체 위에 놓고 흑연으로 문질러 나뭇결이나 독특한 문양을 만드는 기법.
      - 그라타주: 프랑스어 'gratter(긁어내다)'의 명사형. 뾰족한 도구로 캔버스 표면의 물감을 긁어내서 나오는 효과. 물감을 놓고 압착하였다가 떼어 내면 물감이 번져서 다양하고 환상적인 효과를 얻는다.

막스 에른스트, 아기 예수의 볼기를 치는 성모 마리아, 1926.

으로 구현하고 있다. 다른 한편, 살바도르 달리[11]는 편집증(偏執症)을 확장된 상상력으로 보고, 광인의 말에서 인식을 확장할 수 있는 단서를 모색하는 '편집증적 비판 방법(paranoid critical method)'을 주장하는데, 인간 내면에 숨겨진 광기가 갖는 무한한 상상력을 예술 창조의 수단으로 삼자는 것이다. 달리는 까망베르에서 아이디어를 얻었다고 하지만 그가 '모자장수의 시간'을 몰랐을 리가 없다.

축 늘어진 시계를 보면서 사람마다 시간의 의미를 새롭게 되새기는 기회가 되었을 것이다. 달리는 《이상한 나라의 앨리스》 각 장마다 하나씩 12개 작품을 그렸다. 그러나 사람들의 관심을 끌려고 파리 시내에서 개미핥기를 데리고 산책하는 등 천박성을 드러내기도 했다.

메레 오펜하임[12]의 〈오브제, 모피로 된 아침식사

---

11 살바도르 달리(Salvador Dali, 1904~1989), 스페인의 초현실주의 화가. 잠잘 때 숟가락을 손에 잡고 잠이 들었다가 숟가락이 바닥에 떨어지면 급히 일어나 작품 활동을 했다고 한다.

12 메레 오펜하임(Meret Oppenheim, 1913~1985), 독일 태생의 스위스 초현실주의 화가.

달리, 기억의 지속, 1931.

(Object, Fur Breakfast)〉는 초현실주의의 대표적인 작품으로 평가된다. 루이스 캐럴의 작품에서 털로 덮인 지붕이 나오는데 여기에서 영감을 얻은 모양이다.

차받침과 찻잔 그리고 티스푼, 이 물건들은 제 기능을 하지 못한다. 평범한 사물에 모피를 이용하여 전혀 다른 대상으로 탈바꿈시켰다. 이 역시 이성에 도전하고 시적인 연상을 일으키는 초현실주의 정신에 잘 부합한다.

낯설음을 통한 신비를 가장 효과적으로 드러낸 화가는 르네 마그리트다. '달을 품은 나무'라! 이 그림은 밀란 쿤데라의 소설 《이별의 왈츠》표지에도 나온다. 개념미술가답게 뒤샹[13]은 아이디어만 가지고 기존의 작품에 변화를 도입해 사람들을 상상의 세계로 이끈다. 레오나르도 다빈치 400주년을 기념하여 발행된 모나리자 그림엽서를 사서 얼굴에 콧수염을 그려 오리지널이 지니고 있는 가치를 훼손한다. 앨리스의 세계를 답사한 우리는 그 이유를 안다. 그것은 뒤샹식(式) 난센스

---

13   마르셀 뒤샹(Marcel Duchamp, 1887~1968), 현대미술에 큰 영향을 준 프랑스 화가. 이른바 개념미술의 선구자로 평가받는다.

메레 오펜하임, 오브제, 1936.

르네 마그리트, 9월 16일, 1957.

이다.

이제 그림은 시각적인 차원을 넘어 사유의 대상이 된다. 즉 고전적인 심미적 가치나 미적 질서를 해체하고 재구성해서 새로운 작품을 만들어 내어 보는 사람으로 하여금 생각하지 않을 수 없게끔 만든다.

이제까지 살펴본 작품들에서 공통분모가 있다면 그것은 무엇일까? 우리는 그것을 인간 내면에 웅크리고 있는 광기(狂氣)가 아닌지 의심해 마지않는다. 여기서 광기란 인간의 이성으로는 헤아릴 수 없는 불가사의(不可思議)를 의미한다.

라캉[14]은 "광기로 하여금 이성을 감독하게 하라!"는 말까지 한다. 상상력을 이성보다 우위에 두겠다는 선언이다.[15] 루이스 캐럴의 전 작품이 광기에 대한 우의(寓意)가 아니었던가. 이런 점에서 고양이의 입을 빌어 "우리 모두는 미쳤다."고 한 말은 가볍게 여길 말이

---

[14]   자크 라캉(Jacques Lacan, 1901~1981), 프랑스의 정신분석학자. 언어 분석을 통해 인간의 욕망을 탐구하는 이론을 정립하여 '프로이드의 계승자'로 인정받는다.

[15]   이성(5%)은 무의식(95%)에 비하면 빙산의 일각에 불과하다.

마르셀 뒤샹, L.H.O.O.Q.*, 1919.

---

* 프랑스어 철자로 된 제목을 읽으면, '엘 아쉬 오 오 뀌'인데 연
    음으로 읽으면 'Elle a chaud au cul(그 여자의 엉덩이는 뜨겁다.)'
    와 유사한 발음이 된다. 자유분방을 넘어 방종에 가깝다는 느
    낌이 든다.

아니다. 초현실의 세계에서는 광기가 논리를 대체한
다.[16]

그런데 모든 초현실주의자들이 그런 것은 아니었
다. 초현실주의의 대표적인 시인 엘뤼아르[17]는 꿈과
무의식의 세계에 안주(?)하지 않고 "시는 실천적인 진
실을 목적으로 삼는다"는 말을 모토로 삼아 자신만의
고유한 경지를 개척하였다. 후세에 가장 큰 영향을 미
친 시인으로, 그의 시 〈자유〉는 널리 읽히고 사랑받았
다. 마지막 연은 이렇게 끝난다.

그 한마디 말의 힘으로

나는 내 일생을 다시 시작한다.

16 좀 다른 얘기를 하자면, 필자는 전쟁도 초현실의 세계라고 규
    정한다. 작년에 작고한 슈타이너(George Steiner, 1929~2020)는
    1,2차 세계대전에 대해 "왜 시는 'No!'라고 하지 못했는가? 왜
    음악은 'No!'라고 말하지 못했는가?"라고 절규한다.

17 폴 엘뤼아르(Paul Éluard, 1895~1952), 평화와 인류의 우애를 갈망
    하는 진보적인 시를 썼다. 그의 〈자유〉는 지구촌의 애창곡이
    되었다.

나는 태어났다 너를 알기 위해서

너의 이름을 부르기 위해서

자유여.

필자는 느낌표로 끝날 줄 알았는데 마침표로 시는 끝난다. 감정을 절제하고 감동은 독자에게 맡기는 시인의 속 깊은 배려가 느껴진다.

초현실주의는 인간의 무의식에 내재된 비합리적인 감정 내지 공상을 이성의 검열을 받지 않고 표현하여 현실을 넘어서고자 한다.

그들의 그림이나 글이 항상 환영만 받은 것은 아니다. 비평가들은 응당 비현실적인 양상을 비판한다. 대중들이 접근할 수 없는 그들만의 비교성(秘敎性)은 일반 대중에게는 낯선 것을 넘어, 혹시 술이나 마약에 취한 상태에서 작업하지는 않았는지 의심받는다. 프로이드가 1983년 런던에서 달리를 만나서 한 말은 정곡을 찌른다.

나는 고전주의에서 무의식을 탐구하였는데, 당신네들

작품에서는 오히려 의식적인 면을 찾게 되는구려!

　물론 평가는 각자의 몫이다. 그런데 초현실주의는
서양의 전유물이 아니다. 동양은 서양보다 훨씬 앞섰
으니, 기원전 3~4세기경에 나온 중국의 신화집《산해
경(山海經)》[18]이 이를 증명한다.

　신국(神國)의 지배자인 황제(黃帝)는 변방의 강자 치
우(蚩尤)의 도전을 받고 싸우다가 이자의 목을 자른다.
그러자 치우는 젖가슴을 눈으로, 배꼽을 입으로 삼아
끝까지 싸운다.

　화살을 눈에 맞고 자신의 눈을 씹어 먹었다는 하후
돈보다 몇 수 위다. 역사상 그 어느 영웅호걸도 이 용
사의 투지에 비하면 그 빛이 바라지 않겠는가. 흔히 죽
을 때까지 싸운다고들 말한다. 이 그림은 '죽고 나서도'
싸우는 투혼을 유감없이 보여준다.

　모든 동물은 머리를 지니고 있다. 너무 당연해서 흥
미가 없는가? 그렇다면 머리 없는 짐승을 그리면 어떤

18　중국과 변방의 기이한 사물, 동물, 신에 대한 기록과 그림이 실
　　려있다. 작자미상.

머리가 잘린 전사

가. 코끼리의 몸에 날개가 달리고 얼굴이 없는 괴이한 혼돈의 신 제강은 이렇게 해서 태어났다.

눈, 코, 귀, 입을 찾을 필요가 없는 것이 얼굴 자체가 없으니 말이다. 혼돈에게는 세계와 만날 수 있는 감각의 창(窓)이 없다. 여섯 개의 다리와 네 개의 날개라니! 그런데 웬일인지 밉상은 아니다. 제강은 마음 씀씀이가 넉넉해서 친구들의 호감을 샀다고 한다. 두 친구가 구멍이 없어 답답한 제강을 위해 정상적인 얼굴에 있는 일곱 개의 구멍을 뚫어주기로 했다. 하루에 하나씩 구멍을 뚫기 시작했는데, 이를 어쩌나, 공사가 완료된 7일째에 제강은 죽고 말았다. 그러자 세상이 창조되었다고 신화는 이야기한다. 이 세상은 태초에 혼돈이었으나 그 혼돈이 질서를 잡으면서 세상이 창조되었다는 것이다.

중국 남쪽 변방에 있다는 관흉국이라는 나라의 사람들은 가슴에 구멍이 나 있다. 신분이 높은 사람은 가마 대신 대나무로 꿰어서 모신다. 초현실주의자들이 말하는 '낯설게하기(depaysement)' 기법은 그보다 훨씬 먼저 《산해경》 속에 녹아 있었다.

제강(帝江)

귀인의 행차

VIII.

붉은 여왕 효과(Red Queen Effect)[19]와
하얀 여왕의 지혜

아무리 뛰어도 제자리를 벗어나지 못한다면 어떻게 될까? 한참 뛰다가 앨리스가 주위를 돌아보니 똑같은 나무 아래서 뛰고 있지 않은가! 깜짝 놀라 여왕에게 묻는 장면이다.

---

19 매트 리들리(Matt Ridley)는 《붉은 여왕: 성과 인간 본성의 진화》(1993)를 출간해서 붉은 여왕 효과를 대중화하는 데 기여했다.

앨리스   "어휴, 우리는 내내 이 나무 아래에 있는

것 같아요! 모든 게 그대로인 걸요! (…)

내가 살던 나라에서는 이렇게 오랫동안

빨리 달릴 수 있다면 보통 어딘가 다른

곳에 도착했을 텐데요."

붉은 여왕   "느린 나라군. 여기서는 할 수 있는 한 힘

껏 달려야 제자리에 있을 수 있어. 다른

곳에 도착하고 싶으면 지금보다 두 배는

더 빨리 달려야 해."

Alice   "Why, I do believe we've been under

this tree the whole time! Everything's

just as it was! (…) Well, in our country,

you'd generally get to somewhere else,

if you can very fast for a long time as

we've been doing."

Queen   "A slow sort of country! Now, here, you

see, it takes all the running you can do,

to keep in the same place. If you want

to get somewhere else, you must run at

달리는 앨리스와 붉은 여왕

least twice as fast as that!"

(TTLG, pp.144~145.)

달려봤자 제자리다! 어딘가에 도착하려면 두 배로
뛰어야 한다? 매우 이상한 나라다. 그러나 아무튼 현상
유지를 하기 위해서는 죽을 힘을 다 쏟아야 한다는 비
유로 볼 수는 있다. 정말로 이상한 것은 앨리스가 뛰기
시작하면서부터 가만히 있던 주변 환경까지 움직인다
는 점이다. 이제부터 소개될 공진화의 개념과 자본주
의에서 벌어지는 치열한 경쟁을 유추할 수 있다.

1. 진화생물학

미국 진화생물학자 밴 베일런(Leigh Van Valen)은
1973년 〈새로운 진화 법칙(A New Evolutionary Law)〉
이라는 논문에서 '지속소멸의 법칙(Law of Constant
Extinction)'을 붉은 여왕 효과(Red Queen Effect)로 설명
하였다. 그에 따르면, 이제까지 지구상에 존재했던 생

명체 가운데 적어도 90%가 멸종했다고 한다. 그중에 하나가 캐럴의 작품에도 나오는 도도(Dodo)새다.[20]

이 새는 모리셔스섬(마다가스카르 동쪽)에 서식했다고 한다. 천적이 전혀 없는 데다가 먹이(카바리아나무 열매)가 풍부해서 날아다닐 필요가 없다 보니 날개가 퇴화해버렸다. 빨리 뛰어다닐 필요도 없어 다리도 짧아졌다. 그러다 16세기 초 포르투갈인들에게 발견되어 마구잡이로 희생되는 바람에 도도새는 결국 멸종하게 된다.

생물은 살아남기 위해 진화하는데, 모든 진화는 공진화(coevolution)[21]다. 포식자와 피식자는 공진화의 대표적 사례. 포식자는 먹이를 더 효율적으로 잡을 수

20 《이상한 나라의 앨리스》에 나오는 바로 그 새다. 도도새는 일행에게 '코커스 경주(Caucus race)'를 제안한다. 말이 경주이지 규칙도 없고 아무렇게나 뛰어다니는 놀이에 가깝다. 그러다 보니 참가자 모두가 우승자가 되는 이상한 경주다. 원래 코커스란 영국에서 각 정당 대표들이 만나 정책을 논의하는 자리를 뜻하는데, 당리당략에 매여 아무런 합의도 도출하지 못하는 정당제도에 대한 비판의식이 바보스러운 코커스 경주로 변모한 것이다.

21 서로 긴밀한 관계를 갖는 종(種)이 상대의 진화에 서로 영향을 주며 진화하는 것을 말한다.

있도록 진화하고, 피식자는 보호색, 위장, 의태(擬態), 독물질 등 다양한 방식으로 포식자에 맞선다.

다윈이 마다가스카르에서 발견해서 '다윈난'으로 불리는 난이 있다. 꽃은 별 모양으로 크고 아름다우며 28cm 정도의 꿀주머니에서 강한 향기를 풍겨 인기가 많다. 다윈은 공진화 이론을 적용하여 이 꿀주머니에 있는 꿀을 먹을 수 있는 곤충이 있을 것이라고 추리했다. 아니나 다를까, 다윈 사후 41년이 지나 다윈의 예상대로 긴 주둥이를 가진 나방이 마다가스카르에서 발견됐다. 식물과 곤충이 서로 공생하는 관계를 맺어온 공진화의 대표적 사례이다. 요즘 대유행하는 코로나바이러스도 숙주와 기생자의 공진화 사례다. 인간이 백신을 개발하면 변이 바이러스로 맞서고, 그러면 또 새로운 백신을 개발해야 한다.

생명체들은 모두 진화하는데, 진화의 속도는 각 종마다 차이가 난다. 다른 종에 비해 상대적으로 진화가 더딘 종은 적자생존 원리에 따라 소멸될 수밖에 없다. 이것은 경영학에서도 그대로 적용된다.

앨리스와 대화하는 도도새

다윈난

2. 붉은 여왕식 경영학

스탠퍼드 대학 교수 윌리엄 바넷(william P. Barnette)과 모튼 헨슨(Morten T. Hansen)이 공동 발표한 논문 〈조직 진화에서 붉은 여왕(The Red Queen in Organizational Evolution)〉에서 붉은 여왕 효과를 경영학에 접목시켰다.

기업은 끊임없이 변한다. 모든 노력을 경주하지만 겨우 그 자리에 머무르고 만다. 왜냐하면 A기업이 개선하면 경쟁사인 B기업도 개선하고, 한 기업이 혁신하면 다른 기업도 혁신하기 때문이다.

A기업이 선발주자(First mover)라면, 후발주자(Second mover)는 선발주자의 장점은 따르고 단점은 버리기 때문에 시행착오를 겪지 않게 되어 훨씬 더 유리하다. 영국이 최초로 산업혁명을 일으켰지만 협궤[22]로 인해 후발국에 비해 불리했다.

운전에 비유하자면, 다른 차들이 시속 100km로 달릴 때 나도 같은 속도로 달리면 멈춰있는 것처럼 느껴

---

[22] 표준궤 1435mm보다 좁은 철로이다 보니 운송능력이 미약하다는 단점이 있다.

진다. 상대속도가 0이기 때문이다. 다른 차들을 앞서 가려면 100km가 아닌 그 이상으로 달려야 한다.

블루오션이나 틈새시장을 찾았다고 마냥 좋아할 일이 아닌 것이, 이런 기업은 보호 장벽 속에 안주하다가 결국에는 경쟁력을 상실하기 쉽기 때문이다. 사슴을 보호하려고 늑대를 다 없애면 종래에는 사슴도 멸종하게 된다. 현대 사회의 경제는 다윈의 적자생존 원리처럼 기능하여 나날이 발전하지 않는 기업은 사멸을 면치 못하게 된다. 잘 나가던 기업이 내부적인 문제 때문이 아니라 경쟁사의 갑작스런 혁신으로 인하여 무너지는 사례는 비일비재하다.

한때 세계 필름 사진 시장을 주도했던 일본의 코닥은 변화를 두려워해 도태된 대표적 사례이다. 디지털 카메라가 대중화됨에 따라 필름 카메라 시장이 급속도로 위축되면서, 결국 2012년 코닥은 파산 신청을 내기에 이르렀다. 한때 세계 필름 시장 점유율이 90%를 기록했던 130년 역사가 허망하게 종지부를 찍게 된 것이다.

아이러니하게도 세계 최초로 디지털 카메라를 개발한 곳은 바로 코닥이었다. 그러나 이에 대해 임원진의 반응은 냉소적이었다: "좋기는 하지만 발설하지 마세요!" 필름으로 돈을 버는 코닥에 필름이 필요 없는 디지털 카메라는 회사의 존재 이유 자체를 부정하는 기술이 아닌가! 시대의 변화를 간파하지 못하고 기득권을 포기하지 못한 것이 130년 기업의 몰락의 원인이 된 것이다.

한때 휴대전화 시장점유율이 세계 1위였던 노키아(Nokia)의 운명도 마찬가지다. 2008년 노키아의 세계 휴대폰 시장 점유율은 41%에 육박했다. 이른바 '초격차' 기업이다. 그러다 스마트폰의 등장으로 노키아는 가파르게 무너지기 시작한다.

애플이 아이콘을 내놓고, 삼성전자의 갤럭시 시리즈의 대히트로 노키아는 2013년 마이크로소프트(MS)에 헐값에 팔리는 비운을 맞는다. 노키아의 몰락은 1위를 유지하자면 남보다 두 배 이상 달려야 한다는 '붉은 여왕 효과'를 실감나게 한다.

런던 비즈니스 스쿨 도널드 설(Donald Sull) 교수는 두 사례를 '활동적 관성(Active inertia)'이라는 말로 설명한다. 잘나가는 것 같지만 매너리즘에 빠진 상태라는 말이다. 이런 기업은 시장의 변화에 무지하고 한물간 성공의 방식을 그대로 답습한다. 일종의 '관성의 법칙'이 지배한다. 그러나 이런 일이 어디 기업뿐이랴, 개인도 미래를 향한 모험보다는 눈앞의 안정을 선호하지 않는가. 이것이 농경민이 유목민을 이길 수 없는 이유이기도 하다.

조금 다른 관점에서 보자면, '붉은 여왕 가설'의 이면이 썩 유쾌한 것만은 아닌 것 같다. 우리 인간들은 죽을 둥 살 둥 달려야 겨우 제자리를 유지할 수 있는 붉은 여왕의 덫에 걸려든 건 아닌지 자문할 필요가 있지 않을까? 욕망의 쳇바퀴를 죽어라 돌려보지만 언제나 그 자리를 벗어나지 못하지 않는가.

3. 하얀 여왕의 지혜

누군가 우리에게 《앨리스》 전편을 통하여 '단 하나의 문장'을 고르라고 주문한다면, 너무 무리한 요구가 아닌지 고개를 갸우뚱할지도 모르겠다. 그렇지 않다. 지금부터 이에 대해 논의하고자 한다. '어제 잼, 내일 잼'만 있다는 규칙에서 우리가 이미 만나본 하얀 여왕은 외로움에 못 이겨 눈물을 흘리고 있는 앨리스에게 측은지심을 느껴 이렇게 말한다.

여왕	"울지 마라, 애야! 네가 얼마나 대단한 애인지 생각해봐. 오늘 온 먼 길을 생각해봐. 아무것이라도 생각해, 울지만 마라!"
앨리스	"(울면서도 웃음을 참지 못하며) 그렇게 하면 울지 않을 수가 있나요?"
여왕	"당연하지, 그 누구도 한 번에 두 가지 일을 할 수는 없단다. 너도 알잖아."

(TTLG, pp.177~178.)

여왕이 마지막에 한 말 "그 누구도 한 번에 두 가지 일을 할 수는 없단다.(Nobody can do two things at once.)"는 심오한 지혜가 담긴 말이다. 필자가 선정하는 '단 하나의 문장'이다. 오늘날 뇌과학에서는 상식이 되었지만 말이다. 대분망천(戴盆望天), 물동이를 이고 하늘을 바라보지 못 하는 것처럼, 정신은 한 번에 두 가지 일을 할 수 없다.

자명해 보이지만 정작 중요한 것은 이를 어떻게 응용하는가에 달려 있다. 놀랍게도 루이스 캐럴 자신이 이 진실을 실제로 아주 유용하게 써먹었다. 인용할 가치가 있으므로 직접 그의 말을 들어보자. 그는 〈잠 못 이루는 밤을 위한 문제들(Pillow Problems)〉 서문에서 숨기지 않고 개인적인 비밀을 털어놓는다.

때때로 소소한 일상의 걱정보다 훨씬 더 나쁜 지적 혼란을 겪을 때가 있는데, 이럴 때 암산처럼 내 생각을 송두리째 몰입시킬 수 있는 진지한 사색의 주제가 치유책이 될 수 있다. 가장 순수한 영혼에 의심과 신성모독적인 생각이 일어나고, 불건전한 생각이 마구 나타나서 나를 고문한다.

캐럴은 종교적 회의와 성적 강박증에 시달리고 있다는 사실을 고백한 것이다. 독신인 그의 처지를 이해 못할 바도 아니다. 이에 대해 그가 고안한 치유책이 바로 그의 수학 퍼즐이다.[23] 누가 수학 문제에 몰두하고 있으면서 딴 생각을 할 수 있겠는가. 인간은 서로 다른 두 가지 생각을 동시에 집중할 수 없다.

---

23 우리나라에도 《이상한 나라의 앨리스 추리파일》(조은희 역, 보누스, 2016)로 소개되었다.

또 다른 중요한 응용의 사례로 참선에서의 '화두(話頭)'를 들 수 있겠다. 화두란 불교 수행자가 깨달음을 얻기 위해 참구하는 주제를 말한다. 여기에서 한 가지 예를 들자면,

문: "부처가 뭡니까?"
답: "뜰 앞의 잣나무"

부처가 '뜰 앞의 잣나무'라니, 이게 말이 되는가? 화두에 대해 흔히 하는 말이 '언어도단(言語道斷)' 곧 '언어가 끊어진 자리'라는 뜻이다. 궁극의 진리는 말이나 문자로 표현할 수 없다. 의미론이니 해석학이니 언어적 접근은 말짱 헛일이라는 말이다. 그럼 왜 화두가 필요한가?

그것은 바로 원숭이처럼 쉬지 않고 이 가지에서 저 가지로 뛰어다니는 우리의 정신을 붙잡아 매어 두기 위해서다. 그래야 딴 생각을 못 할 게 아닌가. '화두를 잡는다', '화두를 놓치지 않는다'라는 말은 그래서 나온

말이다.

생각이 사무치면 꿈에서도 그 생각이 난다. 이를 '오
매일여(寤寐一如)', '몽중일여(夢中一如)' 또는 '동정일여(動靜
一如)'라고 한다. 자나 깨나 화두를 붙들고 있으면 잡념이
끼어들 틈이 없다. 기독교도 화두와 무관하지 않다.

항상 기뻐하라,

쉬지 말고 기도하라,

범사에 감사하라.

(데살로니가전서 5:18)

쉬지 않고 기도한다면 뇌는 한 번에 한 가지 일밖에
할 수 없다는 원리에 따라 공상이나 망상이 비집고 들
어올 틈이 없게 된다. "노느니 염불한다."라는 말은
이처럼 실천적 지혜를 단적으로 가리키는 말이다.

IX.

양자 고양이(quantum cat)

1. 슈뢰딩거의 고양이(Schrondinger's cat)

뜨겁게 달구어진 물체로부터 열이 사방으로 방출되는 현상을 복사(輻射, radiation)라고 한다. 우리 눈에는 보이지는 않지만 복사에서 나오는 열 즉 복사열이 연속적이라고 상정하는 것은 자연스런 일이다. 그런데 놀랍게도 복사열은 띄엄띄엄 방출되는 불연속적 양으로, 최소단위인 양자(量子, quantum)가 존재한다는 사실이 밝혀졌다. 우리 눈에 연속적으로 보이는 빛도 불연속적인 '빛 알갱이'로 이루어져 있다는 말이다. 이것은 더 이상 나눌 수 없는 빛에너지의 최소량으로, 광양자(光量子, light quantum) 또는 광자로 불린다. 광양자는 물론 양자의 일종이다. 양자역학은 원자 이하의 미시세계에서 양자가 어떤 운동을 하는지 연구하는 물리학으로서 고전역학이 풀지 못한 여러 난제들을 해명한 탁월한 이론이다.

　양자역학은 고양이와 친하다. '슈뢰딩거[1]의 고양이'는 대중에게 양자역학의 기묘함을 전파한 전도사의 역할을 했다. 그가 사고실험[2]으로 고안한 실험에서 반은 살아있고 반은 죽은 상태의 고양이가 나온다. 이것은 양자역학의 중요한 원리 중 하나인 중첩(superposition) 원리로부터 도출되는 수학적인 결론이다. 그러나 거시차원에서는 있을 수 없는 일이다. 슈뢰딩거 고양이 사

1　　에르빈 슈뢰딩거(E. Schrodinger, 1887~1961), 1933년 노벨 물리학상 수상.

2　　'what if…?'(…라면 어떻게 될까?) 방식의 실험이다. 갈릴레이를 사고실험의 원조로 꼽는다.

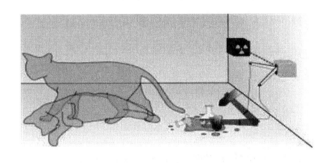

슈뢰딩거의 고양이

고실험이 의미하는 바는 미시세계의 원리는 거시세계에 외삽(外插, extrapolation)해서는 안 된다는 것이다. 살아있으면서 동시에 죽어 있는 고양이는 없기 때문이다.

그런데 이 기묘한 고양이를 정당화하기 위해 평행우주론[3]이 등장하는데, 죽은 고양이의 세계와 산 고양이의 세계는 전혀 관계가 없는 별개의 세계라는 것이다. 우리는 다른 이유로 그의 이론에 공감한다. 그 이유는 인간 개개인이 하나의 소우주로서 서로 다른 세계를 살고 있다고 생각하기 때문이다.

2. 양자 체셔 고양이(quantum Cheshire cat)

앨리스는 나무 위에 앉아 있는 고양이와 대화를 한다. 이 고양이는 서서히 나타났다가 사라지는 괴이한 재주를 가지고 있다. 이 또한 우리가 당연시하던 현실에 대한 전복이다. 입이 먼저 나타나면서 말을 하기 시

---

[3]   휴 에버레트(Hue Everette, 1930~1982)가 27세에 제시한 이론.

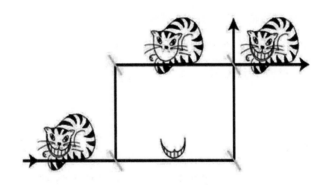

양자 체셔 고양이

작한다. 앨리스는 고양이의 눈이 나타나면 고개를 끄덕이고, 귀가 나타나면 그제야 말을 한다.

고양이가 서서히 사라지는데, 꼬리부터 사라지기 시작해서 몸통이 사라지고 마지막으로 씩 웃는 모습만 있다가 이마저 사라진다. 물체가 부분적으로 사라지는 건 영화에서 본 장면으로 사람들은 익숙해져 있다. 문제는 고양이가 다 사라진 뒤에도 씩 웃는 고양이의 모습이 그대로 남아 있다는 데에 있다. 앨리스는 "나 원 참! 웃지 않는 고양이는 봤지만 고양이 없는 웃음이라니!"라며 혀를 찬다.

앨리스   "아니, 이럴 수가! 웃지 않는 고양이는 종종 봤지만, 고양이는 사라져버렸는데, 빙긋이 웃는 모습만 남다니! 이렇게 이상한 일은 난생 처음이야!"

양자역학을 전공하는 물리학자들은 여기에서 힌트를 얻어 2001년 '양자 체서 고양이'를 탄생시켰다. 고양이가 사라져도 고양이의 웃음은 여전히 존재한다는 데에서 힌트를 얻은 일단의 물리학자들은 입자의 본체가 없어도 그 성질만 따로 존재할 수 있다는 사실을 보여주고자 했다.

광자(光子, photon)나 중성자(中性子, neutron)는 그 입자의 실체가 없어도 그 입자가 갖는 스핀(spin)이나 질량(mass)과 같은 물성만 따로 분리할 수 있다는 말이다. 이 이론은 2014년 국제공동연구진(오스트리아, 프랑스, 미국)이 실험적으로 '양자 체셔 고양이'를 입증했다고 발표해서 큰 주목을 받았다. 연구진은 '중성자 간섭법(neutron interferometry)'을 이용해서 중성자의 특성만을 알아냈다고 한다. 즉 간섭계로 분리했더니 중성자(고양이)와 중성자의 스핀(고양이의 웃음)이 다른 경로로 통과했다는 것이다.

이와 유사한 이야기는 《거울 나라의 앨리스》에서도 나오는데, 여왕은 앨리스에게 "개가 화를 내고 가버린다고 해도 개의 성질은 남아 있을 거야!"라고 말한다.

붉은 여왕　　"나눗셈을 할 줄 아니? 칼로 빵을 나누면?"

앨리스　　　"내 생각에는…"

앨리스가 말을 시작했지만,

붉은 여왕은 대신 대답했다.

붉은 여왕　　"물론 버터 바른 빵이지 이번에는 뺄셈을

　　　　　해보자. 개한테서 뼈다귀를 빼앗으면 무

　　　　　엇이 남아 있을까?"

앨리스　　　"당연히 뼈다귀는 남아 있지 않을 거예요.

　　　　　(…)"

여왕　　　　"그러면 너는 아무것도 남지 않는다고 생

　　　　　각하는구나! (…) 또 틀렸어. 개의 화(tem-

　　　　　per)는 남아 있어. (…) 개는 화를 낼 거야,

　　　　　그렇겠지?"

앨리스　　　"그렇겠죠."

여왕　　　　"그럼 만일 개가 가버린다 해도 개의 화는

　　　　　남아 있을 거라고!"

앨리스　　　"아마 각각 다른 길로 가겠죠."

Red Queen	"Can you do division? Divide a loaf by a knife-what's the answer to that?"
Alice	"I suppose-"

Alice was beginning,
but the Red Queen answered for her.

Red Queen	"Bread-and-butter, of course. Try another Substraction sum. Take a bone from a dog: what remains?"
Alice	"The bone wouldn't remain, of course, ···"
Red Queen	"Then you think nothing would remain? (···) Wrong, as usual, the dog's temper would remain. (···) The dog would lose its temper, wouldn't it? (···) Then if the dog went away, its temper would remain."
Alice:	"They might go different ways."

(TTLG, pp.227~228.)

유리잔이 바닥에 떨어져 깨어졌다면, 깨진 조각들을 모아 다시 잔을 만들 수는 없다. 그러나 후회라든지 행복한 시절에 대한 느낌은 기억의 형태로 남을 수 있다. 개가 사라지더라도 개의 '화'는 남아 있다는 붉은 여왕의 주장은 그렇다면 일리가 전혀 없지는 않다.

양자역학의 실험에서, 중성자와 중성자의 스핀이 각각 다른 경로로 통과한다고 보고되었다. 앨리스가 "아마 각각 다른 길로 가겠지요."라고 대답한다. 천재적인 직관이 아닌가!

◆

나오면서

《이상한 나라의 앨리스》와 《거울 나라의 앨리스》는
둘 다 때로는 악몽에 가까운 꿈의 세계를 묘사한다.[1]

1 　- 붉은 여왕의 잔인한 성미 때문에 당시 빅토리아 왕조 비판이
라는 호사가들의 설은 상상에 불과하다. 캐럴은 성격상 혁명
가가 아니다. 오로지 자기의 뮤즈를 즐겁게 하려는 목적 외 다
른 목적은 없다고 본다.
- 캐럴을 로리타 콤플렉스로 의심하는 일부의 시각도 있다. 그
를 소아성애자로 의심하는 사람들은 플라토닉러브를 모르는
불행한 사람들이다.
알퐁스 도데의 〈별〉의 주인공으로 보는 편이 타당하다. 평소
에 연모하는 주인집 딸이 먹을 것을 전하려 목동을 방문한다.
집에 돌아가는 길에 냇물이 불어 되돌아와 하룻밤을 목동과

캐럴은 판타지 동화를 구실 삼아 하고 싶은 말을 마음껏 한다. 일단 프레임을 그렇게 잡으면 비정상이 정상을 압도하고, 부조리와 광기가 논리를 대체해도 거부감을 사지 않는다.

이상한 광경을 목격하는 사람은 덩달아 이상해져서는 안 된다. 상식적인 평범한 사람이어야 한다. 그래야 헛것에 홀리지 않을 터이니 말이다. 앨리스의 덕목은 바로 여기에 있다. 호랑이에게 물려가도 정신을 바짝 차리는 앨리스의 모습이 보기에 좋은 것이다.

인간은 신화를 필요로 한다. 괴테는 《파우스트》에서 "낮에 잃은 것을, 밤이여 돌려다오."라고 했다. 신화와 동화는 한 끗 차이다. 이것이 왜 어린아이들이 앨리스에게 열광하는지 이해할 수 있는 열쇠다.

꿈의 세계라고는 하지만 캐럴의 작품에서는 현실과 꿈이 뫼비우스의 띠처럼 연결되어 있다. 환상계와 현실계를 넘나들며 사물에 대한 우리의 상식적인 비전과 질서를 전복시켰다가 앨리스 덕분에 다시 회복하기를

모닥불 앞에서 보낸다. 목동은 하늘에 빛나는 저 별들 중 하나가 내려왔거니 여기고 순수한 애정으로 지켜준다.

반복한다.

왜 경이로운가?

'경이로운 것'은 '불가능한 것'²과 다르다. 그러나 경이로운 것은 아무리 있음직하지 않거나 그럴싸해 보이지 않더라도 원리적으로 불가능한 것은 아니다. 바로 사실(fact)에 대한 문제가 이에 해당한다. 앨리스는 사실의 문제가 필연적이라는 사고의 오류에 빠지지 않는다. 그래서 어린아이가 돼지로 변해도 크게 놀라지 않고 '그럴 수도 있겠지!' 하고 소동을 피우지 않는다.

《앨리스》는 어린이들은 호기심 어린 미소를 지으며 읽고 어른들은 저절로 터지는 웃음을 참으며 읽는다. 훌륭한 동화는 어른도 즐길 수 있어야 한다. 독자마다 느낌과 해석이 다르겠지만 그의 작품에서 우리는 세 가지 근원적인 문제의식을 본다.

2   '1+1=3'이나 '사각의 원' 등은 불가능한 것이다. 계산착오는 별개의 문제다.

1. 언어 실험

험프티 덤프티의 언어이론은 그 역사가 그리스 시대까지 거슬러 올라간다. 《크라튈로스(Cratylus)》[3]에서 헤르모게네스(Hermogenes)는 "어떤 이름이 자연적으로 어떤 것에 속한 것이 아니라 관습에 따라서 속한다."고 주장한다. 이를 '규범론'이라고 하는데, 기호는 사람들 사이의 약속에 따라서 작용하며, 사물의 본성에 따라서 작용하지 않는다는 것이다. 이에 반해 크라튈로스는 이름과 사물의 관계는 자연적이고 필연적이라고 주장한다. 이를 사물의 본성을 반영한다고 해서 '본질론'이라고 한다. 기호가 규범(Nomos)에서 비롯되는지 아니면 본질(Physis)에서 비롯되는지에 대해 지혜의 대명사로 여겨지는 소크라테스조차 결론을 내리지 못하고 새로운 사실이 밝혀지면 자기에게도 가르쳐달라고 오히려 부탁을 한다.

장자[4]는 길(道)과 말(言)의 공통점을 찾아 말을 길에

---

3   플라톤의 〈대화편〉에 등장하는 인물이자 책의 제목.

4   장자(BC 369~BC 289년경), 공자와 더불어 오늘날까지 동아시아

비교한다. 길은 어떻게 만들어지는가? 사람들이 다니다 보니 길이 만들어진다. 그렇지 아니한가. 말도 마찬가지다. 장자는 "나를 소(牛)라 부르면 소라 하고, 말(馬)이라 부르면 말이라 할 것이다." 시쳇말로 하자면, 기호와 지시체의 관계는 필연적인 것이 아니라 자의적이라는 말이다. 누군가 말했듯이 장미를 다른 이름으로 불러도 여전히 장미 향을 풍길 것이다.

'언어학의 아버지'라 불리는 소쉬르(Ferdinand de Saussure, 1857~1913)는 《일반언어학 강의》(1916)에서 기호의 본성은 자의적이라고 결론을 내렸다. 언어학 용어로 기표와 기의 사이에 어떤 내적인 관계가 없다는 것이다.[5] 비트겐슈타인의 경우 전기에는 언어가 사태를 묘사한다는 '그림이론'을 주장했으나, 후기에 이를 폐기하고 '용도론'으로 전향한다. 용도론은 규약 내지 관습을 지지하는 이론으로서 자의성에 그 기반을 둔

사상의 토대가 되는 도가(道家) 사상가.

[5] 사실 두 종류의 자의성이 있다. 첫 번째는 기표와 기의 사이의 자의성이고, 두 번째는 기호와 지시체 사이의 자의성이다. 고유명사나 사물의 이름의 경우에 해당하는데, 보통 이 두 가지를 통틀어 자의성이라고 보는 것이 대체적인 경향이다.

다. 그러나 말의 의미가 험프티 덤프티처럼 개별적인 사용에 달렸다면 의사소통은 불가능하다. 소쉬르도 이 점을 분명히 했다. 언어공동체가 설정한 기호의 의미를 개인이 임의로 변경할 수는 없다.

기묘하게도 험프티 덤프티는 '이름'에 관해서는 본질론을 적용해서 앨리스를 당혹스럽게 하고, 추상명사에 대해서는 규범론, 즉 자의성을 적용하여 다시 한번 앨리스를 난처하게 만든다. 비트겐슈타인이 왜 "나는 매일 언어의 벽에 머리를 부딪쳐서 피투성이가 되곤 한다."라고 말했는지 짐작이 가지 않는가.

2. 자아 정체성

진정한 동화라면 독자 어린이가 "나는 누구지?(Who am I ?)"라는 질문을 스스로에게 던질 수 있게 만들어야 한다. 앨리스는 비둘기로부터는 사회적 신분을 문초당하고, 애벌레로부터는 실존적 자아에 대한 질문을 받는다. 이로부터 촉발되어 우리는 정체성을 다루는 장에서 '몸'도 '마음'도 '나'가 될 수 없다는 잠정적 결론에

도달하였다. 소크라테스의 '너 자신을 알아라!'는 요청
도 무리하다는 말까지 했다.

그러면 자아 정체성에 대한 탐구를 포기해야 하는
가? 8세기경 작자미상의 영국시가 있다. 매우 아름다
운 시라서 인용한다.

나는 칼날이었다.

나는 강의 물방울이었다.

나는 빛나는 별이었다.

나는 책의 글자였다.

나는 최초의 책이었다.

나는 등불의 빛이었다.

나는 물 위의 다리였다.

나는 독수리처럼 여행하였다.

나는 하프의 줄이었다.

나는 마법에 걸려 일 년 동안 물거품 속에 갇혀 있었다.

이 시는 인간이 '별의 잔해'라는 사실을 알면 그리

낯설은 시가 아니다. 별은 원소가 만들어지는 용광
로가 아니던가.[6] 이 시는 오랫동안 우리로 하여금 상
념에 상념을 거듭하도록 만들었다. 그 결과 처음부
터 예상한 바는 아니었는데 고대 인도의 경전 우파니
샤드(Upanisad, 奧義書)의 범아일여(梵我一如) 사상을 만
나게 되었다. 우주의 근본원리인 완전한 존재 브라만
(Brahman, 梵)과 참 존재로서의 나인 아트만(Atman, 我)
이 동일하다는 것이다. 우파니샤드는 이것을 "Tat
tvam asi.(그대는 바로 그것이다.)"라고 말한다.[7] 다만 환

---

6   사람이 죽어 화장한 후, 뼈를 수습하여 분쇄기에 넣어 돌리
면 유골, 즉 재가 나온다. 이 재를 가지고 온갖 물건을 다 만들
수 있다. 심지어 유골분에서 추출한 탄소를 1300℃의 고온과
55기가파스칼(GPa)의 압력으로 처리하면 세상에서 유일무이
한 다이어몬드(Memorial Diamond)가 생성된다. 위에 인용한 시
가 실감이 날 것이다.

7   주인공 스베타케투는 겨우 12살에 구도(求道)를 위하여 집을
떠난다. 12년이 지난 후 소년은 많은 지식과 경험을 쌓고 집으
로 돌아왔다. 아버지 우달라카 아루나 현자는 묻는다. "아들
아, 너는 많은 배움을 얻은 듯 하구나. 그런데 사랑하는 아들
아, 너는 들을 수 없는 것을 듣게 되고, 생각할 수 없는 것을 생
각하며, 알 수 없는 것을 알게 되는 그러한 이치를 배웠는가?"
아들은 "어떻게 그런 가르침이 있을 수 있습니까, 아버지?"라
고 반문한다. 그러자 아버지는 무화과 나무의 열매를 따오라

영(幻影, maya)이 눈앞을 가리어 자신의 진면목을 볼 수 없을 따름이다. 두더지의 의인화는 어느 면에서 이런 사태를 잘 보여주는 우화이다.

쇼펜하우어는 《도덕의 기초에 관하여(On the Foundation of Morality)》에서 범아일여 사상을 가장 진지하게 받아들여 '인간다움'의 특징 중 하나로서 이타적(利他的) 동정심을 설명한다.

고해서 가져오자 그것을 반으로 자르고 다시 반으로 자르고 계속해서 반으로 자르게 한 다음 다시 묻는다. "그 안에서 무엇을 볼 수 있는가?" 아들은 아무것도 볼 수 없다고 답한다. 아버지는 말한다. "우리들 눈으로 볼 수 없는 씨앗 속의 미세한 본질이 바로 이 무화과나무를 만들었느니라. 보이지 않는 이 미세한 본질이 이 우주의 본체이니라. 그것은 실재이고 아트만이다. 네가 바로 그것이다.(Tat tvam asil.)" 아들이 보다 자세한 설명을 요구하자, 이번에는 소금물을 가져오게 한 다음 여러 군데를 맛보게 하고 소금을 찾아 가져오라고 한다. 물론 아들은 소금을 찾을 수 없다고 말하고, 아버지는 다시 실재는 눈에 보이지 않는다는 진실을 반복한다. 어떠한 대상이든지 간에 분석을 거듭하다 보면 결국 보이지 않는 본질, 즉 아트만에 이르게 되고 이것은 또한 우주의 본질 브라만과 일치한다는 아주 고무적인 사상이다. 생텍쥐페리도 《어린 왕자》에서 "가장 중요한 것은 눈에 보이지 않는다."고 하였다.

"어떻게 나의 고통도, 내가 관심을 갖는 사람의 고통도 아닌 남의 고통을 보고 마치 그것이 나 자신의 고통인 양 즉각 몸을 던져서 행동하는 것이 가능한가. 이는 참으로 신비스러운 일이며, 이성으로 설명할 수 없는 것이다. 실제 경험의 세계에서는 어떠한 근거도 찾을 수 없다. 아무리 무디고 이기적인 사람이라도 이 사실을 알고 있다. 그런 예들이 매일매일 우리 눈앞에서 벌어지고 있기 때문이다. 사람들은 다른 사람이 곤궁에 처해 있고, 생명이 위험한 상황에 빠져 있다는 단 한 가지 생각 때문에 한치도 망설이지 않고 순간적으로 반응하며 생면부지의 사람을 돕는다. 이를 위해 때로는 자기 목숨을 버리기까지 한다."[8]

그렇다! 수영도 할 줄 모르는 사람이 물에 빠진 사람을 보고 덮어놓고 물에 뛰어든다거나, 위험에 처한 아이를 구하기 위해 철도에 몸을 던지는 무모한 행동은 '네가 바로 그것'이 아니고는 설명할 도리가 없다. '나'

---

[8]   아(我)와 비아(非我)의 경계가 허물어지는 것을 쇼펜하우어는 '윤리적 해탈'이라고 부른다.

가 아닌 다른 존재와 나 자신을 동일시하는 것, 이것이 야말로 인간다움을 가장 잘 드러내는 특성이다. '나'와 '너'를 가르는 빗장이 풀리는 순간, 나는 모든 것 속에 살아있다. 반면에 자아라는 조개껍질 속에서만 사는 소아(小我)에게 죽음은 곧 세계의 종말이다.

인류의 영적 스승들은 하나같이 깨닫는 순간에 온 우주와의 일체감을 느꼈노라고 증언한다. 13세기 페르시아의 위대한 시인 사디[9]는 무척 아름다운 시를 썼다.

모든 아담의 후예는 한 몸을 형성하며
동일한 존재다.
시간이 고통으로 그 몸의 일부를
괴롭게 할 때
다른 부분들도 고통스러워한다.
그대가 다른 이들의 고통을 느끼지 못한다면

9   사디(Sa'di, 1210?~1291), 30여 년간 무소유를 실천하기 위한 걸식으로 중근동 여러 곳을 여행하며 시를 썼다. 인용한 시는 UN 건물 입구에서 볼 수 있다. 유엔의 정신을 간명하면서도 강렬하게 나타내는 멋진 시다.

인간이라 불릴 자격이 없다.

엠페도클레스[10]의 4원소설은 불교의 4대(四大) 지수
화풍(地水火風)과 일치한다. 우리 몸은 지수화풍으로 이
루어졌기 때문에 자연과 내가 하나가 되는 물아일체
(物我一體), 범아일여 사상에 다시 이르게 된다. 이를 아
름답고 알아듣기 쉽게 표현한 공은 존 던[11]에게 돌아
간다.

인간은 누구도 그 자체로 온전한 섬이 아니다.

10   엠페도클레스(Empedocles), BC 5세기경 활동한 그리스 철학자.
      세상 만물이 4원소(물, 공기, 불, 흙)의 사랑과 다툼에서 생겨났다
      고 주장했다. 고대 그리스가 우리와 동떨어졌다고 생각한다면
      중차대한 오산이다. 사상면에서 그 시기의 철학자들은 탁월한
      현대인이다.

11   존 던(John Donne, 1572~1631), 영국 성공회 사제. 헤밍웨이는 이
      기도시의 제목 'For whom the bell tolls(누구를 위하여 종은 울리
      나)'을 따와 소설을 썼고, 이 소설은 영화로 만들어져 전 세계인
      의 감동을 자아냈다.

모든 사람은 대륙의 한 조각이며 본토의 일부이다.

만일 흙덩이가 바다에 씻겨 내려가면 유럽은 그만큼 작

아지며,

곶이 씻겨나가도 마찬가지다.

네 친구의 땅이나 너의 땅이 그리되어도 그렇다.

누구의 죽음이든 나를 감소시킨다.

나는 인류에 속해 있기 때문이다.

그러니 누구를 위해서 저 조종(弔鐘)이 울리는지 알아보

려고 하지 말라.[12]

종은 바로 그대를 위하여 울린다.

결론적으로, 에고(ego)로서의 '소아'란 없다! '나'란
숙고를 거듭한 결과 결국 환상에 불과하다는 보통사람
들의 직관에 정면으로 충돌하는 놀라운 결론에 도달하
게 된 것이다.

12   유럽에서는 상을 당하면 조종을 쳐서 온 마을에 알렸다. 조종
       소리가 들리면 사람을 보내 누가 죽었는지 알아보게 해서 장
       례식에 갈지 여부를 결정했다.

유년시절, 청소년 시절, 장년 시절 그리고 노년 시절의 '나'는 같을 수가 없다. 그런데도 어느 경우에나 '나'라는 표현을 쓰기 때문에 고정불변하는 '나'가 있다는 착각에 빠진 것은 아닌가?

구조주의 관점에서 보더라도, 실체보다 관계가 우선한다. 즉 '나'보다 나와 인연이 있는 수많은 사람들과의 관계가 나를 정의한다는 말이다. 앨리스의 정체성은 앨리스가 자신의 내부로 침잠(沈潛)해서 얻어진 것이 아니라는 점을 유념해야 한다. 이미 언급한 바와 같이 인간은 존재가 아니라 생성(生成)이기에 내면적 성찰만으로 정체성을 형성하기에는 한계가 있다. 그것은 언제나 타자(他者)와의 '만남'과 상호작용을 통해서 가능한 일이다. 위의 시는 그래서 아름답다.

예전에는 겨울에 쥐불놀이를 하였다. 깡통에 구멍을 뚫고 끈을 매단 후 그 안에 나무 부스러기 등 탈 것을 넣어 불을 붙인 다음 돌리면 먼 곳에서 볼 때 붉은 바퀴처럼 보인다.

착시현상이다. 마찬가지로 사람들은 '나'라는 관념으로 인하여 실제 내가 있다고 착각하는 것은 아닐까? 정체성의 문제가 중요한 이유는, 내가 '나'를 모른다면

쥐불놀이

결국 나의 온갖 노력이 물거품이 될 수도 있기 때문이다. 자기 자신에 대해 무지하면, 자신의 사고와 감정을 분명히 인식하지 못하기 때문에 엉뚱한 행위가 나올 수밖에 없다. 유명인들이 몰락하는 것은 그들에게 사고의 기반인 정체성에 대한 자각이 무뎌졌기 때문이다.

푸에블로 인디안들은 자신들이 '아버지 태양(Father Sun)'의 자식이라고 믿는다. 남자들은 일하는 대신 아버지 태양이 외롭지 않게 낮 동안 하루 종일 춤을 춘다. 이런 믿음 덕분에 그들은 비참한 인간의 조건에서 벗어나 전 생애를 고귀한 인격체로서 살아갈 수 있었던 것이다.

인류의 위대한 스승들은 예외 없이 어떤 소명(召命) 의식을 지닌 내적 확신 속에서 살아온 인물들이다. 인간은 존재(being)가 아니라 생성(becoming)이기에 궁극적으로 개개인의 정체성은 각자에게 부여된 소명(The Call)을 실현할 때에 비로소 정립될 수 있을 터이다.[13]

---

13 기독교적인 관점에서 보자면, 모든 인간은 하느님의 눈으로 볼 때만 '참나(眞我)'가 드러나는 영적인 존재들이다.

우리 모두는 자신이 진정 해야 하는 일에 대한 소명의식 없이 '인순고식(因循姑息) 구차미봉(苟且彌縫)'[14]의 삶을 영위하고 있지는 않은지 자문해야 할 것이다.

3. 실재성

개인의 수준에서만 보더라도 감각은 말할 것도 없고 나의 생각은 자주 틀리고 참과 거짓에 대한 분별력도 믿을 만한 게 못 된다. 자신도 의식하지 못하는 환상, 망상 그리고 공상에 휘둘려 사는 게 인생이다. 흔히 "내가 정신이 나갔지!"라는 말은 '실재'가 무엇인지 파악이 안 되어 잘못을 저질렀다는 말이다. 여실지견(如實知見), 즉 '있는 그대로 본다는 것'은 지난한 일이다. 이에 대한 문제의식에서 현상학(phenomenology)이 나온 것이다.

14 연암 박지원의 말. 적극성이 부족해 부녀자나 어린아이 같은
    생각으로 살고, 떳떳하지 못하고 임시변통의 땜질로 사는 병
    통을 일갈한 말.

이것이 다가 아니다. 문제는 훨씬 더 복잡하다. 우리가 대면하고 있는 현실이 진짜인지 의심할 이유는 한두 가지가 아니라는 것이다. 〈매트릭스〉는 단순한 영화가 아니다. '통 속의 뇌'도 평범한 은유가 아니다. 신의 존재 또는 부재가 증명불가능하듯이 '디지털 감옥'은 증명도 반증도 할 수 없다. 그러나 이런 상황에까지 가지 않더라도 우리는 '모국어의 감옥'이나 나 스스로가 만든 '생각의 감옥' 속에서 살고 있지는 않은지 수시로 자문해볼 필요가 있다.

데카르트의 '악령'의 현대판 버전이 〈트루먼 쇼〉[15]의 연출자다. 그는 주인공 트루먼(Truman: true man)이 보고 듣는 것을 통제하고, 경험과 인간관계를 조작하며 상식과 감각조차 뒤바꾼다. 오늘날에는 미디어도 '가짜' 현실을 만들지 않는가? 우리 모두가 트루먼 쇼의 주인공이 될 수도 있다. 만일 정부가 우리를 속인다면?

세뇌 당한 사이비종교의 신도는 가짜 실재 속에서 사는 것이다. 평생 동안 동굴에 갇혀 지내온 사람에게

15   1998년 미국 코미디 영화.

햇빛에 대해서 말하면 아마도 미친 사람 취급을 할 것이다.

우리가 철석같이 믿고 있는 이성적이고 안정적인 현실 내지 실재(The real)가 얼마나 부서지기 쉽고 취약한 것인지는 삶에 대해 조금만 성찰하면 어렵지 않게 알 수 있다. '한 치 앞도 내다보기 어렵다.'라는 말에는 이러한 직관이 들어 있다. 실재성의 문제가 중요한 이유는 세상에 대한 그릇된 세계관은 불행의 주된 원인이 될 수 있기 때문이다.

인류는 바야흐로 트랜스휴머니즘(transhumanisme)[16] 시대에 돌입하고 있다. 인간이 플랫폼이 되어 사람에게 소프트웨어를 탑재하게 되면 실재관은 혁명적인 변화를 겪을 것이다. 이른바 증강현실(Augmentted reality)은 소박한 실재론의 종말을 고한다.

---

[16] 과학기술을 이용하여 인간의 정신적, 육체적 능력을 획기적으로 개선하려는 시도. 트랜스휴머니스트 선언 1조: "인간성은 장차 과학과 기술에 의해 근본적인 부분까지 영향을 받을 것이다. 우리는 노화, 인지적 결함, 불의의 고통을 극복하고 지구의 한계를 벗어남으로써 인간의 잠재력을 확장할 수 있을 것으로 기대한다." 이것이 유토피아가 될지 디스토피아가 될지 여부는 아무도 모른다.

이제까지 우리는 《앨리스》 덕분에 엄청난 지적 모험을 즐겨왔다. 루이스 캐럴에 관한 어떤 학술 담론보다 멀리 나아갔다고 생각한다. 그러나 '행행본처(行行本處) 지지발처(至至發處)'[17]라, 가도 가도 본래 그 자리요, 아무리 와도 떠난 그 자리라, 우리는 한시도 앨리스를 잊은 적이 없다. 그래서 다시 앨리스로 돌아온다.

캐럴의 두 작품 모두 난센스라는 언어유희를 통하여 비정상적 상황을 설정한다는 점에서 판타지 문학에 속한다. 난센스 속에서 인과관계는 역전되고, 케이크를 먼저 나누어준 다음에 자르는 등 시간의 순서는 뒤죽박죽이고, 정체성은 혼란을 겪는다. 판타지 문학은 사실주의 문학이 중시하는 이성적 세계관과 부르주아계층의 가치관을 여지없이 전복시킨다.

누군가가 어린이가 일주일 동안 하는 걱정은 어른들이 일 년간 걱정하는 바의 10배는 될 거라고 말했다.

---

17 원효대사와 쌍벽을 이룬 신라시대 고승 의상대사(625~702)가 화엄사상을 간결하게 표현한 말씀이다. 예를 들어 사과 씨를 심으면 싹이 나고 어린 줄기가 자라고 잎이 생기고 꽃이 피고 사과가 열린다. 사과 속에 들어 있는 사과 씨는 처음에 심은 사과 씨와 조금도 다르지 않다.

이 말이 믿기지 않는 독자는 헤세[18]의 《데미안》[19]이나 《수레바퀴 아래서》[20]를 보시면 된다.

　희한하게도 어른들은 자신들도 어린 시절을 보냈음에도 불구하고 어린이를 전혀 이해하지 못한다. 앨리스는 이런 의미에서 어른들에 대한 경고등의 역할을 한다고도 볼 수 있다. 그러면서도 부조리와 전도된 세계는 코믹한 효과를 거두고 이야기에 놀이의 성격을 부여한다. 난센스는 놀이 감각을 자극한다. 즉, 불편한 감정을 야기하는 것이 아니라 오히려 미소 짓게 만들고 기묘하게도 우리를 즐겁게 한다. 상상력을 자극하고 키우기 때문이다. 인간의 이성은 난센스를 필요로 한다. 사람은 누구나 정도의 차이는 있지만 광기를 지

18　헤르만 헤세(Hermann Karl Hesse, 1877~1962), 스위스의 소설가, 화가.

19　주인공 싱클레어는 또래들과의 대화 분위기에 빠져 큰 실수를 한다. 남의 과일을 훔쳤다고 저지르지도 않은 서리를 떠벌린 것이다. 이 기회를 포착한 불량배 크로머에게 가위눌림 같은 괴로움을 당한다.

20　고루하고 위선적인 가정과 학교의 권위에 신음하고 맞서 싸우는 어린 소년 이야기이다.

니고 있기 때문이다. 광인과 천재는 한 끗 차이라고 했던가.

어린이는 신기한 것에 열광하고 낯선 세계를 동경한다. 이런 초현실적인 세계에서 때로는 쩔쩔매고 어리둥절하면서도 사리에 어긋날 때는 제대로 된 질문을 할 줄도 안다. 그때까지만 해도 어린이는 어른이 되기를 기다리는 성숙하지 않은 '미완의 존재'였다.

사람들은 늘상 무언가를 기다리며 살아간다.[21] 그러나 "겨울은 봄을 준비하기 위하여 있는 게 아니라, 겨울을 살기 위하여 있다."[22]는 시인의 말처럼 유년기는 유년기 나름의 삶을 위하여 존재해야 할 것이다. 인생의 각 시기는 그 시기 나름대로 의미와 보람이 있는 법이다. 어린이는 어린이답게 활짝 피어야 한다.

성경은 "너희가 어린이와 같지 아니하면 결단코 천

---

[21] 초등학생은 중학교 갈 날을 기다리고, 중학생은 고등학교를, 고등학생은 대학 가기 위한 준비기간일 뿐이다. 막상 대학에 들어가서는 취업을 기다리고, 취업이 되고 나서는 승진을 기다리고… 결국은 죽기를 기다린다. 인생은 결국 '죽음을 기다리는 인생'으로 끝나고 만다.

[22] 정호승, 《당신을 찾아서》, 창작과 비평, 2020.

국에 들어갈 수가 없다."(마태복음 18장 3절)고 단언한다.
붓다도 "보살의 여든한 가지 행(行) 가운데 어린아이의
행이 가장 수승(秀勝)하다."고 하였다.

　천진난만한 앨리스 덕분에 어린이는 그 자체로 완벽
하고 순진무구한 존재로 인식하는 계기가 될 것이다.
어른과 비교되지 않고 어린이로서 독립적인 정체성,
즉 맑고 바르고 밝으면서도 씩씩한 '어린이다움'을 앨
리스가 처음으로 확립한 것이다. 그리고 어린이의 "말
할 권리"를 당당하게 주장하여 '어린이 인권선언'을 선
포한 셈이다.

　이것이 사람들이 앨리스에게 열광하는 이유다.《앨
리스》를 한 번 만난 아이는 이후 천진난만한 지적 호
기심이 들쑤셔대서 그 아이의 평생을 풍요롭게 해줄
것이다. 루이스 캐럴이 의도했는지는 모르지만,《앨리
스》는 우리로 하여금 인생에 대해 진지하게 성찰할 수
있는 계기가 되어주었다.

　꿈을 꿀 때 꿈꾸고 있다는 사실을 알지 못하는 것처
럼 인생이 꿈이라는 사실을 모르는 것은 아닐까? 깨어
있다고 믿는 낮 동안의 삶이 또 다른 꿈이라면 죽음이
우리를 깨어나게 하는 것은 아닐까? 이 결정적 순간에

"아, 이제야 알겠네! 온 생을 생각에 속아 지내온 것을!"라고 깨달을지도 모른다.

Happy unbirthday to you!

- The End -

루이스 캐럴의 앨리스
이상한 나라의 언어적 판타지

초판 1쇄 발행일 2022년 1월 14일

지은이 정계섭
펴낸이 박영희
편집 박은지
디자인 최소영
마케팅 김유미
인쇄·제본 제삼인쇄
펴낸곳 도서출판 어문학사
　　　서울특별시 도봉구 해등로 357 나너울카운티 1층
　　　대표전화: 02-998-0094/편집부1: 02-998-2267, 편집부2: 02-998-2269
　　　홈페이지: www.amhbook.com
　　　트위터: @with_amhbook
　　　페이스북: www.facebook.com/amhbook
　　　블로그: 네이버 http://blog.naver.com/amhbook
　　　　　　　다음 http://blog.daum.net/amhbook
　　　e-mail: am@amhbook.com
　　　등록: 2004년 7월 26일 제2009-2호

ISBN 978-89-6184-988-3 (93100)
정가 16,000원